一帶一路研究叢刊

解讀中國外文新理念

國務院新聞辦公室　編

出版前言

　　二〇一二年中共十八大勝利閉幕和二〇一三年「兩會」結束以來，中國新一屆中央領導集體面對複雜多變的國際局勢，著眼長遠利益和戰略全局，積極推進外交理論和實踐創新，建樹頗豐。他們的涉外活動涵蓋中國外交的方方面面，對雙邊、多邊、區域、全球等多個層面統籌兼顧，涉及高層交往、經貿合作、文化交流、公共外交和民間往來等領域，創造性地實施「周邊是首要，大國是關鍵，發展中國家是基礎，多邊是重要舞台」的戰略布局，從而勾勒出新一屆領導集體的基本外交思路。

　　在日新月異的國際社會中，中國在外交方面更加開拓進取，探索構建中美新型大國關係，推出親、誠、惠、容的周邊外交方針，提出了建設絲綢之路經濟帶、二十一世紀海上絲綢之路、中國與東盟自貿區升級版、孟中印緬經濟走廊、中巴經濟走廊、亞洲基礎設施投資銀行等一系列新倡議，引導了國際和地區合作方向，提升了親和力和感召力。

　　致力於民族復興的中國注重以民為本、外交為民，將一如既往走和平發展道路，堅定不移全面深化改革，始終不渝擴大對外開放，推動世界多彩文明交流互鑑。中國積極順應和平、發展、合作、共贏的時代潮流，在人類命運的共同體中實踐正確的義利觀和安全觀，願與國際社會共享機遇和發展成果，共同維護國際秩序和公認的國際關係準則，以實現互利共贏的一體化發展目標。面對依然存在的難題和挑戰，中國主張通過對話協商與和平談判妥善解決矛盾分歧，努力營造持久和平、共同繁榮的和諧世界。

當下中國外交內外統籌的大格局與胸懷全球的大戰略，引起了國際社會的高度關注。為此，我們策劃出版了這本《解讀中國外交新理念》。本書圖文並茂，以高層官員的視角解讀中國外交的立場和態度，以專家學者的研究探求中國外交的未來走向及與世界良性互動的模式。本書力求全面闡釋中國外交的新理念和新戰略，充分展示中國開放、從容、自信和負責任的發展中大國形象，向世界傳遞「中國夢」的正能量。

編者

二〇一四年七月

高層解讀

新形勢下中國外交理論和實踐創新

楊潔篪

　　黨的十八大勝利閉幕和二〇一三年「兩會」結束以來，面對新形勢新任務，以習近平同志為總書記的黨中央準確把握世界格局變化和中國發展大勢，著眼長遠利益和戰略全局，在保持外交大政方針延續性和穩定性的基礎上，統籌國內國際兩個大局，審時度勢，開拓進取，推進外交理論和實踐創新，實現良好開局，謀劃全面布局，提出許多重大對外戰略思想、外交政策和策略方針，開展一系列重大對外行動，不僅為黨和國家工作全面推進創造了有利外部條件，而且豐富和發展了中國特色外交理論體系。

一、外交開局和布局充分體現了戰略性、全局性、創新性

　　黨的十八大後，針對國際社會對以習近平同志為總書記的黨中央大政方針走向的高度關注，習近平同志的首次外事活動專門會見在華工作的外國專家代表。此後，中共中央政治局又圍繞堅定不移走和平發展道路進行集體學習。在這些內外活動中，習近平同志發表重要講話，闡述了中國對外開放戰略和外交政策，向外界發出中國新一屆中央領導集體將堅持改革開放，堅持走和平發展道路，堅持奉行互利共贏的開放戰略，堅定維護國家核心利益的明確信息。

　　二〇一三年「兩會」結束以來，習近平同志等黨和國家領導人分別出訪亞非拉和歐洲、北美各大洲，涵蓋大國、周邊、新興市場國家和發展中國家，接待數十個國家領導人來訪。通過「走出去」「請進來」和「多雙邊」結合，我國領導人同一百多位外國國家元首和領導人會見接觸，有力促進了我國與世界

各國的友好往來和務實合作。

積極運籌與主要大國關係。習近平同志擔任中國國家主席後，將俄羅斯作為首次出訪第一站，加強了中俄經貿、能源和戰略安全合作，夯實了中俄全面戰略協作夥伴關係基礎。習近平同志赴美國洛杉磯安納伯格莊園同美國總統奧巴馬舉行會晤，雙方同意共同努力構建中美新型大國關係，相互尊重、合作共贏，為兩國關係未來發展指明了方向、規劃了藍圖。中美還成功舉行第五輪戰略與經濟對話，在落實兩國元首共識、推進中美新型大國關係建設方面取得積極進展。中國其他黨和國家領導人訪問多個歐洲國家，我們還接待了法國總統奧朗德等歐洲國家領導人訪華，不斷開拓中歐互利務實合作的新領域。

全力穩定和拓展周邊睦鄰友好關係。我國同周邊國家關係總體上朝著更加積極的方向發展。習近平同志出席博鰲亞洲論壇二〇一三年年會並舉行系列國事活動，集中闡釋我國內外政策新理念，增進與有關國家的戰略互信，提升與周邊國家關係。我們接待越南國家主席張晉創、韓國總統朴槿惠、巴基斯坦總理謝里夫等周邊國家領導人來訪，加強與東南亞、中亞等周邊地區國家的雙邊關係，鞏固睦鄰友好合作。在釣魚島、南海等問題上，堅定維護我國領土主權與海洋權益，推動周邊國家通過對話談判妥善處理和解決爭端。在朝核問題上，堅持半島無核化目標，積極做有關國家工作，推動半島局勢趨向緩和。

大力加強與發展中國家友好合作。習近平同志先後成功訪問非洲和拉美，充分體現了我們對發展中國家的高度重視。習近平同志訪問坦桑尼亞、南非、剛果共和國，開創了我國國家元首首次出訪就訪非的先例。習近平同志還以早餐會形式同十多位非洲國家領導人見面，在傳承友誼、增進互信、推進合作、共謀發展等方面取得豐碩成果。習近平同志訪問特立尼達和多巴哥、哥斯達黎加、墨西哥，並與加勒比地區 8 國領導人舉行雙邊會談，增進了政治互信，加強了務實合作，提升了我國同拉美和加勒比國家的整體合作水平。

深入參與和引導多邊外交進程。習近平同志在會見國際組織領導人時強調，中國積極倡導和踐行多邊主義，高度重視聯合國等國際組織的重要作用。中國將履行自己應盡的國際義務，在維護世界和平與安全、促進人類發展和進步，以及解決全球性問題和挑戰等領域與相關國際組織深度合作。我國與重要國際組織的關係取得新的發展。習近平同志出席在南非德班舉行的金磚國家領導人第五次會晤，就全球經濟和政治領域重大問題與其他發展中大國加強溝通協調，推進金磚國家機制建設。會晤後發表《德班宣言》和行動計劃，決定建立金磚國家開發銀行和外匯儲備庫等，為推動建立更加公正合理的國際政治經濟新秩序注入強勁動力。

以習近平同志為總書記的黨中央在繼承中創新，外交開局氣勢恢宏，外交布局全面均衡，使新形勢下的中國外交呈現出理念豐富、重點突出、立場堅定、策略靈活、風格鮮明等特點，不僅充分調動了各方發展對華關係的積極性，為今後五至十年對外工作奠定了良好基礎，而且有力提振了黨心、軍心、民心，極大激發了全黨全國各族人民為實現黨的十八大確定的「兩個一百年」奮鬥目標而努力拚搏的熱情。

二、外交理論和實踐創新取得一系列重大成果

面對錯綜複雜的國際局勢，以習近平同志為總書記的黨中央發揚中國共產黨理論聯繫實際的優良作風，勇於探索，堅持內政和外交有機統一、中國特色與時代特徵融為一體，在很短的時間裡取得了一系列外交理論和實踐的重要突破，體現了開拓創新的決心，展現出寬廣的世界眼光、前瞻的戰略思維和駕馭全局的能力，為開創外交工作新局面、抓住和用好重要戰略機遇期提供了有力的理論和實踐保障。

（一）提出中國夢重要思想並賦予其深刻的內涵，增進我國與世界各國的交流
　　合作

　　黨的十八大以來，習近平同志在出訪和接待外國來賓的過程中，向各國領導人和公眾深入介紹實現中華民族偉大復興的中國夢重要思想，闡述中國夢的豐富內涵。

　　習近平同志強調，中國夢是中國各族人民的夢，也是每個中國百姓的夢。中國夢的實現需要和平穩定的國際和周邊環境，中國將堅持通過和平發展方式實現中國夢。中國夢與世界各國人民的夢想息息相通，中國在實現自身發展的同時將努力帶動和幫助其他國家特別是發展中國家和周邊國家發展。中國將與各國更多分享發展機遇，使他們更好地實現自己的夢想。中國希望同世界各國合作共贏、共同發展。中國人民希望通過實現中國夢，同各國人民一道，攜手共圓世界夢。

　　習近平同志就中國夢所作的全面深入細緻的闡述，是中國堅持走和平發展道路重要思想在新時期的繼承與發展，增進了國際社會對中國和平發展戰略的理解和認同，在國際上受到普遍讚賞與歡迎。很多國家領導人和各界人士表示，中國夢與他們自己國家和人民的夢想是一致的，願意同中國一道努力實現人類共同的美好理想。這一事實有力挫敗了某些國際勢力歪曲與詆毀中國夢的圖謀。

　　中國夢重要思想不僅大大激勵了中國人民實現中華民族偉大復興的決心和信心，同時也有力提升了我國對外影響力和親和力，增強了我國在國際事務中的地位和話語權，充分體現了內政和外交的有機結合與高度統一。

當地時間二〇一三年七月十一日，美國華盛頓，楊潔篪、汪洋和雅克布·盧。中美戰略與經濟對話開啟第二日的議程。

（二）提出構建中美新型大國關係，同時努力推動與各大國關係的發展

推動構建中美新型大國關係，實現中國與各大國關係的良性互動、合作共贏，是以習近平同志為總書記的黨中央關於運籌大國關係的重要理念。這既是充分汲取歷史經驗教訓、準確把握時代潮流、將中國自身利益與世界各國利益緊密結合作出的戰略抉擇，也是實現「兩個一百年」奮鬥目標的內在需要和堅持和平發展這一總體對外戰略的必然要求。

中美就構建新型大國關係達成重要共識。在中美元首安納伯格莊園會晤中，習近平同志與美國總統奧巴馬一致同意，中美將共同努力構建新型大國關係，造福兩國和世界人民。習近平同志用三句話對新型大國關係內涵進行了精闢概括：一是不衝突、不對抗。就是要客觀理性看待彼此戰略意圖，堅持做夥

伴、不做對手；通過對話合作而非對抗衝突的方式，妥善處理矛盾和分歧。二是相互尊重。就是要尊重各自選擇的社會制度和發展道路，尊重彼此核心利益和重大關切，求同存異，包容互鑑，共同進步。三是合作共贏。就是要摒棄零和思維，在追求自身利益時兼顧對方利益，在尋求自身發展時促進共同發展，不斷深化利益交融格局。習近平同志還指出，為落實構建中美新型大國關係共識，雙方要提升對話互信新水平，在開展務實合作方面採取新步驟，建立大國互動新模式，探索管控分歧新辦法。中美建立新型大國關係前無古人、後啟來者，是一項沒有現成經驗可循的歷史創舉，不會一帆風順，但只要我們看清形勢、認準目標、堅定信心、不斷推進，就一定能推動中美關係健康穩定發展。

同時，在我國積極運籌和推進下，我國與其他大國關係也取得新進展和新突破。中俄戰略互信不斷深化，經貿合作水平穩步提升，能源等重大合作項目取得新突破，在重大國際和地區問題、全球經濟治理等方面保持密切協調，全面戰略協作夥伴關係取得新發展。中歐合作領域進一步拓寬，相互利益交融不斷加深，戰略合作關係水平持續提升。我們還積極發展與發展中大國及地區大國的友好合作關係，取得明顯成效。

（三）提出堅持正確義利觀，加強與周邊和發展中國家的友好合作

正確處理「義」和「利」的關係是中國優秀傳統文化的一個精髓，也是中華民族傳承至今的道德準則，不僅是指導個人為人處世的重要原則，也是指導國家處理國際關係的重要原則。習近平同志秉承中華文化和新中國外交優良傳統，針對我國與發展中國家和周邊國家關係面臨的新形勢新任務，強調在同這些國家發展關係時要樹立正確義利觀，政治上堅持正義、秉持公道、道義為先，經濟上堅持互利共贏、共同發展。對那些對我國長期友好而自身發展任務艱巨的周邊和發展中國家，要更多地考慮到對方利益，不要損人利己，以鄰為壑。

我們以正確義利觀為引導，加強對周邊和發展中國家工作。習近平同志訪非期間與非洲領導人坦誠交心，全面闡述中國對非政策，提出對非合作的真、實、親、誠四字箴言，特別強調中非合作的互利共贏性質，表示中國將不折不扣落實承諾，不附加任何政治條件，重在幫助非洲國家把資源優勢轉化為發展優勢，實現多元、自主、可持續發展。習近平同志的講話引起非洲領導人和民眾強烈共鳴，他們紛紛表示中國對非洲的幫助是真誠的，目的是促進非洲發展，非洲國家完全信任中國。

習近平同志訪問特立尼達和多巴哥、哥斯達黎加，落實了一大批重大合作項目，體現了我國幫助中美洲有關國家發展的誠意。習近平同志宣布，中國將面向加勒比友好國家設立優惠貸款和基礎設施建設專項貸款，受到有關國家的歡迎。習近平同志訪問墨西哥，在促進兩國經貿領域合作方面取得積極成果，雙方宣布將中墨關係提升為全面戰略夥伴關係。

（四）提出加強外交工作的頂層設計、策略運籌和底線思維，堅定維護國家核心利益

習近平同志多次強調，要從頂層設計角度對中長期對外工作作出戰略規劃。黨中央高瞻遠矚、總攬全局，觀大勢、謀大事，不斷加強頂層設計和戰略謀劃，通過一系列重大外交行動，將大國、周邊、發展中國家、多邊等工作密切結合，綜合施策，推動了與各方關係的全面發展，達到了外交工作開好頭、起好步、布好局的預期目標，為運籌中長期外交整體布局奠定了良好基礎。

以習近平同志為總書記的黨中央高度重視對外政策的具體執行環節，強調要搞好策略運籌，順勢而為，根據國際形勢和外部環境變化，及時調整政策和策略，正確處理對外工作中遇到的新情況新問題。要有底線思維，處理問題既要朝好的方向努力，也要作最壞的打算。習近平同志強調，中國堅定不移走和

二〇一二年十月三十一日,北京,時任中國外長楊潔篪會見聯合國—阿盟敘利亞問題聯合特別代表卜拉希米。

平發展道路,但決不能放棄我們的正當利益,絕不能犧牲國家核心利益。任何外國不要指望我們會吞下損害我國主權、安全、發展利益的苦果。在外交實踐中不迴避矛盾和問題,妥善處理同有關國家的分歧和摩擦,同時推動各領域交流合作,通過合作擴大共同利益的匯合點,努力維護同周邊國家關係及地區和平穩定大局。

(五)提出加強外事工作的統籌協調,以確保中央對外交工作的集中統一領導

　　黨中央從統籌國內國際兩個大局出發,高度重視對外事工作的統籌協調,強調外事工作必須內外兼顧、通盤籌劃、統一指揮、統籌實施,要求中央和地方、政府和民間、涉外各部門牢固樹立外交一盤棋意識,各司其職,形成合力,既充分發揮各方面的積極性和創造力,又從國家利益的高度作好集中調度,保障中央對對外工作的領導、決策、管理、處置等各項功能順利實施,確

保中央對外戰略意圖的實現。半年來，中央加強了有關機制建設，逐步理順體制機制，制定了明確規定，加強與規範外事和外事管理工作，有力改進和加強了中央對外事工作的集中統一領導和統籌協調。

三、深入學習貫徹外交理論和實踐創新成果，開創外交工作新局面

　　當前，新形勢下的外交工作已經由實現良好開局、謀篇布局進入到全面展開、深入推進階段。綜觀全局，我國發展仍處於可以大有作為的重要戰略機遇期，同時也面臨複雜嚴峻挑戰。以習近平同志為總書記的黨中央在外交理論和實踐方面的重要創新成果，不僅為下一階段外交工作的開展奠定了堅實基礎，更指明了正確方向。我們要深入學習領會其實質內涵，不斷總結提煉有關經驗啟示，用於指導外交實踐。在良好開局基礎上，再接再厲，開拓進取，不斷優化外交布局，更好發揮首腦外交引領作用，大力推動與各大國關係的發展，加大與周邊和發展中國家的友好互利合作，推動國際秩序朝著更加公正合理的方向發展。深入宣傳外交新思想新理念，貫徹實踐黨的群眾路線和外交為民思想，開創外交工作新局面，為實現中華民族偉大復興的中國夢創造良好外部環境。

作者楊潔篪，中華人民共和國國務委員。

探索中國特色大國外交之路

——在第二屆世界和平論壇午餐會上的演講

（2013 年 6 月 27 日）

王　毅

尊敬的各位嘉賓：

很高興出席第二屆世界和平論壇。感謝清華大學和中國人民外交學會為舉辦這次盛會所作的努力。中華民族歷來是熱愛和平的民族，中國始終奉行和平的對外政策。面對和平與發展的時代，從中國，從北京，從這個論壇，向世界發出和平的聲音，傳遞和平的理念，播撒和平的種子，既是國際社會對中國的殷切期待，也是當代中國應盡的國際責任。今天上午，李源潮副主席在講話中，圍繞和平與安全這兩大命題，全面闡述了中國方面的原則主張，強調中國始終是維護和平的堅定力量，呼籲樹立互信、互利、平等、協作的新型安全觀，對論壇發揮了重要引導作用。我預祝論壇取得圓滿成功。

當今世界正在發生前所未有的變化。經濟全球化和社會信息化加速發展，使各國正在成為更加利益交融的命運共同體，同時也面臨著更加紛繁複雜的全球性挑戰。如何維護和平、促進發展，是國際社會共同面臨的緊迫課題。

當代中國與外部世界的關係也正在發生前所未有的變化。雙方在更深程度上相互依存，在更廣範圍內相互影響。中國的發展越來越離不開世界，世界的發展也越來越離不開中國。

今天的中國，已經成為一百二十八個國家的最大貿易夥伴，還是世界上增長最快的主要出口市場、最被看好的主要投資目的地，以及能源資源產品的主

二〇〇六年十一月二日，蘇丹駐華大使館新館落成開館儀式在北京舉行。

要進口國。二〇一二年，中國對亞洲經濟增長的貢獻率已經超過百分之五十，並已成為推動世界經濟增長的主要引擎之一。二〇〇八年國際金融危機爆發以來，中國不僅向國際貨幣基金組織投入資金，向面臨困難的國家伸出援手，還以自己堅實穩定的增長，與新興市場國家一道，支撐起全球經濟復甦的希望。

一個持續快速發展，並且擁有十三億人口的大國，將在全球事務中扮演什麼樣的角色，對外奉行什麼樣的政策，對世界產生什麼樣的影響？對這些問題，世界在關注，中國也在思考和探索。

以習近平為總書記的中國新一屆中央領導集體成立以來，團結帶領全國人民為實現兩個百年目標和民族復興的中國夢而奮力開拓，在外交上不斷採取新舉措，推出新理念，展示新氣象。新時期的中國外交更具全球視野，更富進取意識，更有開創精神。可以說，在繼承新中國外交六十多年形成的大政方針和

優良傳統的基礎上，當代中國正在積極探索走出一條有中國特色的大國外交之路。

中國外交的特色，立足於中國作為發展中國家的基本國情。按經濟總量計算，中國已經成為世界第二大經濟體，但按人均收入排名，中國仍位列世界八十多位。依據聯合國確定的標準，中國仍有超過一億的貧困人口。這種看似矛盾的現象，世界歷史上從未有過。我們清醒地意識到，發展不平衡仍然是中國的基本國情，發展中大國仍然是中國的基本定位。中國還並非富國強國。要讓十三億中國老百姓真正過上幸福生活，我們還有很長的路要走。

這一基本國情要求我們，中國的外交首先還是要緊緊圍繞國家發展這個中心，服務發展，促進發展，更加積極有效地為全面建成小康社會營造良好的外部環境，為解決各種不可持續的問題，為維護中國在世界上不斷延伸的正當權益提供更為有力的保障。

這一基本國情啟示我們，中國的外交應當緊緊抓住發展這把解決世界諸多問題的鑰匙，更加突出互利共贏，促進共同發展，加強同世界各國的經濟聯繫和政策協調，不斷擴大同有關國家的優勢互補和互惠合作，大力推進貿易投資的自由化和便利化進程。

中國外交的特色，植根於中國堅持的社會主義理念。我們堅持的中國特色社會主義，植根於中國這塊土地，符合中國自身的發展規律，引領著中國的發展和進步，得到廣大中國人民的堅定擁護，是經過實踐反覆檢驗的正確道路。堅持這一道路和理念，要求我們對內追求公平正義、共同富裕、社會和諧，對外主持公道、捍衛公理、伸張正義。

堅持這一道路和理念，要求中國的外交摒棄任何叢林法則，堅持大小國家一律平等，堅持反對任何形式的霸權主義，堅持推進國際關係民主化，反對以

大欺小、以強凌弱、以富壓貧，反對幹涉別國內政。中國在當今的國際和地區熱點問題上始終堅持對話談判解決問題，反對武力至上，搞政權更迭；維護的不是一己之私，而是國際道義和國際關係基本準則。

堅持這一道路和理念，還要求中國的外交必須堅定有力地為廣大發展中國家仗義執言，以自己的實際行動，維護和拓展發展中國家的整體權益。

中國外交的特色，發端於博大精深的中華文明。中華民族在五千年的歷史長河中，形成了民胞物與、仁者愛人的人本精神，為政以德、執兩用中的政治思想，兼愛非攻、親仁善鄰的和平志向，以和為貴、和而不同的和諧理念，推己及人、立己達人的待人之道。這些獨具特色的東方傳統價值觀，源源不斷地為中國外交提供著寶貴精神財富。

當今世界面臨的不僅是發展困局，更折射出現代文明深層次的思想文化危機。中國外交就是要大力弘揚中華文化，奉獻處理當代國際關係的中國智慧，推介治國理政的中國經驗，增添完善全球治理的中國方案，從而為人類社會應對二十一世紀的各種新型挑戰提供更多有益的公共產品。

以深厚文化傳統為積澱的中國外交還願意推動不同文明之間的交流對話，致力於尊重文明的多樣性、發展道路的多元化，支持各國人民自主選擇社會制度和發展道路，鼓勵不同文明彼此包容互鑑，共同為人類進步事業作出自己的貢獻。

中國外交的特色，源自新中國外交的優良傳統。新中國外交走過了六十多年不平凡的歷程，在實踐中逐漸形成了一系列重大的外交政策主張和戰略思想，包括堅持獨立自主的和平外交政策，堅持和平共處五項原則，高舉和平、發展、合作、共贏的旗幟，堅持走和平發展道路，推動建設和諧世界，等等。這些成功的外交實踐和理論，繼續是中國外交前進的動力和指南。

六十多年來，不論國際風雲如何變幻，獨立自主、愛好和平，始終是中國外交的兩大本質特徵，也構成了中國對外政策的基石。新時期，中國將堅持獨立自主，堅定維護國家獨立、主權和領土完整，根據事情本身的是非曲直決定自己的政策和立場，不依附、不屈從於任何外部勢力，這是中國外交應有的風骨。中國將堅持以維護世界和平為宗旨，為推進人類和平事業發揮更積極作用，這是中國外交應有的擔當。中國還願虛心地傾聽世界的聲音，以開放包容的心態加強與外界的對話與溝通，這是中國外交應有的胸懷。

中國外交的特色，契合於當今時代潮流和世界大勢。當今世界正在經歷前所未有的大變革大調整。新興市場國家群體性崛起，發展中國家整體實力不斷增強，國際力量對比正在朝著更加均衡的方向發展。同時，世界仍然很不安寧，傳統與非傳統安全威脅相互交織，金融風險、氣候變化、糧食安全、網絡安全等全球性問題更加突出，迫切需要國際社會加強相互協作，合力破解難題。中國，作為和平與發展潮流的推動者，願意發揮中國外交與時俱進的品質，投身於國際體系的變革，以開拓創新的精神，推進國際秩序朝著更加公正合理的方向演變。

各位嘉賓，各位朋友：

今天，中國已經站在了世界聚光燈下。向中國投來的目光中，有欣賞，也有疑慮；有讚揚，也有批評；但更多的，應當是期待。期待中國在自身快速發展的過程中，為維護世界和平、促進共同發展承擔應盡的責任，作出更大的貢獻。在此，我要告訴大家的是，中國願意把握自身國情與世情的結合點，找準中方利益與各方利益的匯合點，通過我們更為主動、積極的外交實踐，回應國際社會對我們的期待。

——中國將積極構建新型大國關係，為實現世界的持久和平作出不懈努力。世界和平很大程度上取決於大國之間能否構建和維持和平，而大國之間尤

其是新興大國與既有大國之間由競爭走向對抗甚至衝突，似乎成為一種難以擺脫的歷史宿命。作為當今最主要的發展中大國，中國不相信宿命，我們有決心也有信心，通過與其他大國的共同努力來避免和打破這一所謂定律。我們的決心來自對維護世界和平與人類共同利益的責任感和使命感。我們的信心來自當今世界已今非昔比，全球化在各國之間形成了一榮俱榮、一損俱損的利益關聯，不僅大大弱化了大國對抗的意願，更顯著降低了彼此發生衝突和戰爭的風險。

中國已經在為構建新型大國關係付諸行動。今年初，習近平主席首訪俄羅斯，在克里姆林宮與普京總統深入探討了如何推進中俄全面戰略協作夥伴關

當地時間二〇一三年九月二十六日，美國紐約，中國外交部長王毅會晤美國國務卿克里。

係，達成了廣泛共識，簽署了一系列重要協議，為新時期大國之間深化互信與合作樹立了典範。不久前，習近平主席與奧巴馬總統在美國安納伯格莊園舉行不打領帶的戰略溝通，兩國領導人一致同意構建中美新型大國關係，其核心內涵是不衝突不對抗，相互尊重，合作共贏。奧巴馬總統表示，美國歡迎一個強大、成功、繁榮、穩定的中國，願與中國成為平等夥伴，共同應對一系列全球性挑戰。習近平主席期待中美攜手合作，成為世界穩定的壓艙石、世界和平的推進器。這次歷史性會晤受到國際社會的普遍關注與廣泛歡迎。

——中國將繼續把周邊作為外交優先方向，塑造一個更加和平穩定、發展繁榮的周邊環境。和平進程始自周邊。中國與世界關係的變化，首先反映在與鄰居們關係的變化。中國能否繼續與鄰居和睦相處，守望相助，對中國與世界關係的走向起著至關重要的作用。我們將不斷增大周邊投入，積極推進周邊互聯互通，探索搭建地區基礎設施投融資合作平台。我們願努力打造中國——東盟自貿區升級版，推進區域全面經濟夥伴關係（RCEP）和中日韓兩大自貿區談判。我們將積極開展雙邊和地區海洋合作，把周邊海域營造成和平、友誼之海。我們將加強與周邊國家的人文交流，夯實睦鄰關係的社會基礎。我們還將在傳統和非傳統安全領域加強合作，積極拓展與周邊國家的防務與安全交流。對於本地區歷史遺留的一些領土主權和海洋權益爭端，中國主張在充分尊重歷史事實和國際法的基礎上，通過對話和談判尋找妥善解決辦法，反對採取使爭議擴大化、複雜化的行動。在海洋權益爭端解決之前，各方可以擱置爭議，共同開發。

——中國將大力弘揚新型義利觀，構建與發展中國家的命運共同體。隨著中國的不斷發展，不少發展中國家的朋友們會問，一個不斷發展強大的中國，還是不是我們之中的一員？還會不會像以前那樣與我們同舟共濟，攜手共進？在此我想說，中國始終知道自己的根基在哪裡。當曾經與我們共同爭取民族獨立的朋友們還未擺脫貧困時，中國感同身受；當曾經將我們抬進聯合國的朋友

們還在受戰亂困擾時，中國同樣感同身受。中國從來沒有，也永遠不會離開發展中國家。正像習近平主席所提出的那樣，我們主張在同發展中國家交往中堅持義利並舉、義重於利，這是中國外交得道多助的一個重要基礎。我們將繼續增加對發展中國家特別是最不發達國家不附加任何條件的援助，幫助他們實現自主發展和可持續發展。我要告訴發展中國家的兄弟姐妹，我們是一家人，當你們需要中國時，中國就在你們的身邊。

——中國將進一步擴大對外開放，與世界共享機遇、共創繁榮。改革開放三十多年來的實踐告訴我們，如果中國的發展不能為世界所分享，這種發展將難以持續。攥著拳頭，什麼都得不到；張開雙臂，才能擁抱更多的機遇。當前，中國正在努力發掘和釋放自身巨大的內需潛力。預計未來五年中國將進口十萬億美元商品，對外投資五千億美元，出境人數超過四億，這是中國發展給世界帶來的重大機遇。今後中國的對外開放將更加突出合作共贏，更加注重共同繁榮。我們不僅要打造中國經濟的升級版，更要打造中國對外開放與合作的升級版。我們將結合中國自身的新型工業化、信息化、城鎮化和農業現代化進程，不斷拓展同世界各國的互利合作，為促進世界經濟實現強勁、可持續和平衡增長作出我們的貢獻。

——中國將更積極參與國際和地區熱點問題的處理，為維護世界穩定與安寧承擔應盡的責任。作為聯合國安理會常任理事國，中國時刻意識到自己肩負的國際責任與義務，願意根據能力所及，為解決世界上的各種問題和挑戰提供更多的公共產品，發揮中國獨特的積極作用。我們將堅定不移地推進朝鮮半島無核化進程，從根本上維護半島的和平與穩定，也希望各方相向而行，爭取早日重啟六方會談。我們將繼續在亞丁灣打擊海盜，為重要國際航道的安全保駕護航。作為向聯合國維和行動派出最多人員的安理會成員國，我們將首次向馬里派出成建制的安全維和部隊，為非洲的和平與安全作出更大貢獻。我們將積極貫徹習近平主席提出的解決巴勒斯坦問題的四點主張，努力推進中東和平進

二〇〇四年六月二十三日，朝核六方會談開幕第一天，六方會談代表合影。

程。我們將繼續堅定地譴責恐怖主義，積極參與國際反恐合作。我們還將積極參與推動實現聯合國千年發展目標，共同應對氣候變化、網絡安全、極地、太空等全球性問題。

——中國將繼續做當代國際秩序和公認國際關係準則的維護者，同時更積極有為地參與國際體系的變革與完善。全世界熱愛和平的人民用生命和鮮血所構建的戰後國際秩序來之不易，以《聯合國憲章》為代表的國際關係準則彌足珍貴。尊重主權，反對干涉；維護和平，反對侵略；堅持對話，反對暴力；支持平等，反對強權。這些理念歷久彌新，永不過時，是中國外交長期堅持的原則。我們將據此決定自己在國際事務中的立場，據此來堅定維護自身的主權、安全和發展利益。同時，我們也將與國際社會一道，繼續支持聯合國、二十國集團、上海合作組織、亞太經合組織、金磚國家等發揮更大作用，推進世界多

極化進程，充實和完善國際治理體系。

——我們將堅持以人為本、外交為民的理念，切實維護好中國公民的海外合法權益。民為邦本，國家的利益與人民的利益密不可分。中國外交只有植根人民，造福人民，才能得到人民的信任與支持，才能有人氣、有底氣，立於不敗之地，獲得前進動力。當前，中國已有二萬家企業遍布世界近二百個國家，每年有八千多萬人次出境。據估算到二〇二〇年，中國公民每年出境將達到一點五億人次甚至更多。每一位遠赴海外的同胞都懷揣著自己的一份夢想，他們遠離故土、身處異鄉，不可避免會遇到這樣那樣的困難甚至是風險，我們理應成為他們可以依靠的強大後盾。要通過我們的外交努力，為中國遊客提供更安全的旅途，為中國留學生爭取更好的教育，為中國商人營造更友善的興業環境，為中國僑胞帶去更溫暖的問候，為中國商品尋找更廣闊的市場，為中國在海外的勞動者創造更好的條件，幫助他們實現自己的「中國夢」。只要每一個人的「中國夢」都能實現，匯聚起來就是我們國家和民族的圓夢之時。

女士們，先生們，

二千多年前，中國偉大先哲孔子說過，「可久者聖人之德，可大者聖人之業。」促進人類的和平與發展就是這樣一項神聖、偉大而永久的事業。我們將積極探索中國特色大國外交，與各國人民共同努力，推動建設一個持久和平、共同繁榮的和諧世界。

謝謝大家！

作者王毅，中華人民共和國外交部部長。

堅持正確義利觀
積極發揮負責任大國作用

　　黨的十八大以來，以習近平同志為總書記的黨中央準確把握國內國際兩個大局的新特點、新變化，堅持繼承與發展相結合、理論與實踐相聯繫，就我國外交戰略方針和政策主張作出了一系列重要論述，引領我國外交進入一個新的活躍期、發展期和開拓期，取得一系列重要成果和積極進展。其中，習近平同志提出的在外交工作中要堅持正確義利觀的重要思想，對於我們進一步做好新時期外交工作尤其是做好周邊和發展中國家工作具有重要指導意義。

　　正確對待和處理「義」與「利」的關係，重視道義與責任，是我國優秀傳統文化的重要內容，也是新中國外交的一個鮮明特色。

　　我國傳統文化一向強調正確處理「義」和「利」的關係，突出「義」的價值。孔子說，「君子義以為上」；墨子則提出「義，利也」，闡明「義」與「利」的統一性；孟子說，「生亦我所欲也，義亦我所欲也；二者不可得兼，捨生而取義者也」；等等。可以說，重義輕利、先義後利、取利有道，是中華民族數千年來一以貫之的道德準則和行為規範。

　　新中國成立後，我們繼承以義為先的優良傳統，充分發揚國際主義精神，在自身經濟十分困難的情況下，仍然堅持向亞非拉廣大第三世界國家提供力所能及的幫助，支持其反抗壓迫、爭取獨立與解放的民族大義，維護其發展經濟、改善民生的整體利益。二十世紀六七十年代，我國派出數萬名施工和技術人員，遠赴非洲大陸援建坦贊鐵路，其中數十人為此獻出了寶貴生命。半個世

二〇一〇年十月八日，中國人民解放軍直升機救援隊在巴基斯坦災區投放生活物資。

紀前，我國開始派遣援外醫療隊，迄今已向亞非拉六十六個國家和地區派出醫療隊員二點三萬人次，累計診治患者 二點七億人次，得到受援國人民的普遍讚譽。這種數十年如一日的無私義舉在世界歷史上可謂絕無僅有，成為中國外交重義輕利的生動寫照。

改革開放以來，隨著綜合國力的增強，我國對發展中國家援助的規模、質量和成效也不斷提升到新水平。截至二〇一一年底，我國為發展中國家培訓了超過十四萬名各類人才，幫助受援國建成了二千二百多個與其人民生產生活息息相關的各類項目，有力促進了發展中國家的經濟社會發展。對周邊近鄰，我們更是義字當頭、顧全大局，堅定不移地致力於維護地區穩定發展的良好局面。例如，一九九七年亞洲金融危機肆虐時，我們克服困難，堅持不讓人民幣貶值，為有關國家和地區戰勝危機提供了寶貴支持。

中國外交的這些無私理念與付出，贏得了廣大發展中國家對我們的尊重、信任和支持。毛澤東同志曾說過，新中國恢復在聯合國的合法席位就是非洲兄弟和中小國家用轎子把我們抬進去的。幾十年來，我國在台灣、涉藏等核心利益問題上的立場也一直得到了廣大發展中國家的堅定支持。

習近平同志關於堅持正確義利觀的重要思想，符合中國特色社會主義內在要求，順應時代發展潮流及中國與世界關係發展大勢，對新時期中國外交具有重要指導意義。

當前，各國利益交織空前緊密，各種全球性問題日益突出，世界越來越成為命運相連的「地球村」。作為世界第二大經濟體，我國外交秉持什麼樣的義利觀，如何處理自身發展與世界共同發展的關係，不僅關係我國的國際形象，而且關係世界的和平與發展。

習近平同志秉承中華優秀文化和新中國外交傳統，順應和平、發展、合作、共贏的時代潮流，提出在外交工作中要堅持正確義利觀，並就其內涵作出精闢論述。他指出：義，反映的是我們的一個理念，共產黨人、社會主義國家的理念。這個世界上一部分人過得很好，一部分人過得很不好，不是個好現象。真正的快樂幸福是大家共同快樂、共同幸福。我們希望全世界共同發展，特別是希望廣大發展中國家加快發展。利，就是要恪守互利共贏原則，不搞我贏你輸，要實現雙贏。我們有義務對貧窮的國家給予力所能及的幫助，有時甚至要重義輕利、舍利取義，絕不能惟利是圖、斤斤計較。

習近平同志指出，對周邊和發展中國家，一定要堅持正確義利觀。只有堅持正確義利觀，才能把工做作好、做到人的心裡去。政治上要秉持公道正義，堅持平等相待，遵守國際關係基本原則，反對霸權主義和強權政治，反對為一己之私損害他人利益、破壞地區和平穩定。經濟上要堅持互利共贏、共同發展。對那些長期對華友好而自身發展任務艱巨的周邊和發展中國家，要更多考

慮對方利益，不要損人利己、以鄰為壑。

習近平同志關於在外交工作中堅持正確義利觀的重要思想，體現了中國特色社會主義的內在要求。中國特色社會主義是主張和平的社會主義，和平發展是中國特色社會主義的必然選擇。新形勢下，只有堅持愛國主義與國際主義相統一、中國人民利益同各國人民共同利益相結合，在中國與世界各國良性互動、互利共贏中開拓前進，才能為我國和平發展開闢更加廣闊的空間，為奪取中國特色社會主義新勝利進一步營造穩定有利的外部環境。

習近平同志關於在外交工作中堅持正確義利觀的重要思想，體現了新一屆中央領導集體對中國未來國際地位和作用的戰略謀劃。中國絕不會做國際體系中坐享其成的「搭便車者」。我們將從世界和平與發展的大義出發，以更加積極的姿態參與國際事務，堅持不懈做和平發展的實踐者、共同發展的推動者、多邊貿易體制的維護者、全球經濟治理的參與者，為推動人類進步事業發揮更大作用。

習近平同志關於在外交工作中堅持正確義利觀的重要思想，進一步豐富了中國外交的核心價值觀，不僅對我們進一步做好新時期的外交工作具有重要指導意義，也為人類共同價值寶庫增添了新內涵。

在以習近平同志為總書記的黨中央領導下，我們堅持正確義利觀，推動與周邊和發展中國家關係取得新進展，為新時期中國外交實現順利開局奠定了堅實基礎。

二〇一三年三月，習近平同志就任國家主席後首次出訪即去往非洲，體現出對非洲人民兄弟般的情義。習近平同志用「真、實、親、誠」四個字概括中國對非政策，指出對待非洲朋友我們講一個「真」字，開展對非合作我們講一個「實」字，加強中非友好我們講一個「親」字，解決合作中的問題我們講一

中國外交部舉辦以「中非合作論壇」為主題的公眾開放日。

個「誠」字，引起非洲領導人和民眾的強烈共鳴。非洲國家領導人及各界人士高度評價中國對非政策，讚賞中國長期給予非洲的無私幫助，對所謂中國在非洲推行「新殖民主義」的謬論予以嚴詞駁斥。習近平同志指出，中方將不折不扣落實援非承諾，不附加任何政治條件，重在幫助非洲國家把資源優勢轉化為發展優勢，實現多元、自主、可持續發展。訪非期間，中非簽署四十七個合作協議，涉及投資貿易、經濟援助、基礎設施建設、能源資源、農業、人文交流等廣泛領域，有力推動了雙方務實合作，把中非新型戰略夥伴關係提升到新水平。

　　拉美和加勒比地區是發展中國家最集中的地區之一。二〇一三年五月底六月初，習近平同志訪問墨西哥、特立尼達和多巴哥、哥斯達黎加三國。中墨雙方宣布將兩國關係提升為全面戰略夥伴關係，我國同拉美和加勒比國家的整體

合作得到新的提升。訪問期間，習近平同志還同八個加勒比國家領導人分別舉行會談，就深化合作、共謀發展進行深入探討。中方宣布將面向加勒比友好國家設立優惠貸款和基礎設施建設專項貸款，體現了我國幫助拉美和加勒比國家共同發展的誠意。這次訪問也展現了我國堅持大小國家一律平等的一貫政策，受到地區各國領導人高度評價，被認為是中國同拉美和加勒比國家關係史上具有歷史性和開創意義的訪問。

博鰲亞洲論壇二〇一三年年會是我國開展的又一次重大外交行動，包括周邊和發展中國家在內的十多個國家領導人出席會議，地域範圍涵蓋五大洲。習近平同志在出席年會時全面闡述了我國促進共同發展的政策主張，呼籲各國勇於變革創新，同心維護和平，著力推進合作，堅持開放包容，協力推動亞洲和世界共同發展，強調中國將幫助有關國家增強自身發展的「造血機能」。與會各國領導人高度讚賞中國為地區和全球經濟增長提供的強勁動力，對中方實現發展目標抱有更大期待。國際輿論認為，這次年會凸顯了中國的國際影響力和號召力。

習近平同志關於堅持正確義利觀的重要思想和外交實踐，立意高遠、內涵深刻。我們要深入學習領會其精神實質，科學認識和把握義利關係，積極探索中國特色大國外交之路，努力開創新時期外交工作的新局面。

繼續把周邊作為外交優先方向，營造更加和平穩定、發展繁榮的周邊環境。堅持與鄰為善、以鄰為伴，同周邊國家和睦相處、守望相助，聚焦發展合作的主題，維護和平穩定的大局。不斷增大周邊投入，積極推進周邊互聯互通，打造中國——東盟自貿區「升級版」，推進區域全面經濟夥伴關係，努力使自身發展更好惠及周邊國家。加強與周邊國家人文交流，夯實睦鄰友好關係的社會基礎。拓展防務與安全交流合作，豐富睦鄰友好關係的內涵。在充分尊重歷史事實和國際法的基礎上，通過對話談判妥善解決歷史遺留的領土主權和

海洋權益爭端，反對採取使爭議擴大化、複雜化的行動。

始終站在發展中國家一邊，構建與發展中國家的命運共同體。堅持與發展中國家真誠友好、平等相待，進一步密切雙方高層往來，加強不同層次的對話和磋商，推動雙方傳統友誼「貫四時而不衰，歷夷險而益固」。隨著國力的增強，進一步增加對發展中國家特別是最不發達國家的援助，深入挖掘與發展中國家開展互利合作的新機遇，探索合作的新途徑、新方式，幫助它們實現自主發展和可持續發展。加強金磚國家、中非合作論壇、中阿合作論壇建設，推動建立中拉整體合作機制，維護發展中國家共同利益，提升發展中國家在國際事務中的代表性和發言權。

在國際事務中積極發揮負責任大國作用，為維護世界和平、促進共同發展承擔應盡的責任。旗幟鮮明地維護國際公平正義，反對任何形式的霸權主義和強權政治，推進國際關係民主化。積極參與國際和地區熱點問題的處理，努力推動實現聯合國千年發展目標，為共同應對氣候變化、網絡安全、反恐、反海盜等全球性問題貢獻更多中國力量、中國智慧。積極有為地參與國際體系的變革與完善，支持聯合國、二十國集團、上海合作組織、亞太經合組織、金磚國家等發揮更大作用，充實和完善國際治理體系。

使對外合作重心更多向民生領域傾斜，把對外援助更多用於社會民生項目，讓合作成果更多惠及各國人民尤其是基層百姓。鼓勵支持更多有實力、有信譽的中國企業走出去，為當地增加就業、改善民生、提高基礎設施建設水平作貢獻。加大對走出去企業的指導，引導企業履行更多社會責任，積極回饋當地社會。促進教育、科技、衛生、文化等領域的對外交流合作，幫助發展中國家提高人力資源開發能力。

同時，我們將以開放包容的心態加強與外界的對話溝通，面向各國媒體、智庫、非政府組織、民眾深入宣傳正確義利觀，通過更為主動、積極的外交實

踐回應國際社會對我們的期待，與各國人民共享機遇，共迎挑戰，共維穩定，
共創繁榮。

　　　　　　　　　　作者王毅，中華人民共和國外交部部長。

堅持合作共贏　攜手打造亞洲命運共同體

劉振民

　　人類進入二十一世紀以來，亞洲發展中國家群體性崛起強勁改寫全球政治經濟版圖。作為亞洲一員，中國在努力實現中華民族偉大復興中國夢的同時，希與亞洲鄰國通力合作，共同締造本地區和平穩定與繁榮。繼黨的十八大報告提出「要倡導人類命運共同體意識」，中國領導人多次深刻闡述命運共同體理念，全方位推進國際與地區合作。中國史無前例地專門就周邊外交工作召開座談會，提出要讓命運共同體意識在周邊國家落地生根。可以說，「命運共同體」已成為新時期中國外交理論和實踐創新的一面旗幟，亞洲命運共同體已成為中國周邊外交政策方向。登高望遠，精彩可期。

一、亞洲命運共同體的基本內涵

　　當今世界雖仍有不少矛盾衝突，但和平、發展、合作是世界潮流，經濟全球化、區域一體化是主導性趨勢。中國從未像今天這樣靠近世界舞台的中央，從未像今天這樣與外部世界的命運緊密相聯。中國倡導命運共同體理念，是著眼於全球化時代人類發展進步的崇高事業，立足於國家長遠發展和周邊繁榮穩定，為亞洲乃至世界未來福祉打出的中國方案。中國倡導建設亞洲命運共同體，借鑑了西方國家的先進經驗，依託區域一體化進程以及地區國家謀求共同發展與安全的共識，強調以命運共同體意識處理好國家間關係，實踐目標更為高遠，理論內涵更加豐富。

　　第一，以共同發展作為核心要義。發展經濟、改善民生是每個國家的核心

任務。在經濟全球化背景下，各國利益深度交融，一榮俱榮，一損俱損，共同發展是唯一出路。各國在促進自身發展的同時，宜推動國家發展戰略和區域一體化進程對接，在維護本國利益時兼顧他國合理關切，實現優勢互補，促進合作共贏。

第二，以互信協作維護安全環境。各國要實現共同發展，離不開一個和平穩定的國際和地區環境，這需要各方共同作出努力，共同承擔維護地區和平穩定的責任。在新形勢下，宜秉持互信、互利、平等、協作的新安全觀，摒棄冷戰思維，不搞零和博弈，努力實現全面安全、合作安全、共同安全。

第三，以開放包容推進機制建設。亞洲地區多樣性突出，發展道路多元化。每個國家自主選擇的社會制度和發展道路應當得到尊重，地區多樣性可以轉化為互補互促的發展活力和動力。亞洲應繼續學習借鑑世界先進經驗，發揮本地區各種合作機制的協同作用，歡迎域外國家參與亞洲地區合作，為亞洲的穩定和發展發揮建設性作用。各方應堅持通過對話協商解決矛盾分歧，構建能維護亞洲長治久安的區域安全新架構。

第四，以文化互鑑凝聚理念共識。亞洲每個民族都有自己的優秀文化傳統，多種文化共存於全球化世界當中。應摒棄文明衝突的思維，促進文化交流交融。亞洲國家應傳承和發揚講信修睦的文化傳統，堅持相互尊重、協商一致、照顧各方舒適度的亞洲方式，鼓勵不同國家文化交流互鑑，和諧共存。

第五，以和衷共濟強化感情紐帶。守望相助是亞洲各國的寶貴精神財富。地球村時代的全球性挑戰層出不窮，面對國際金融危機、自然災害、氣候變化等問題，任何國家都難以獨善其身。全球性挑戰需要各國合作應對，扶貧濟弱應得到提倡。大國扶持小國、富國援助窮國，休戚與共，同舟共濟，方是人間正道。

亞洲命運共同體是涵蓋政治、經濟、安全、社會和文化等多領域的綜合性系統工程，關乎亞洲各國利益與發展方向，將決定崛起的亞洲與世界互動的方式和內容。其內涵和外延將隨著歷史進程不斷豐富和延展。

二、建設亞洲命運共同體是歷史發展的必然選擇

倡導建設亞洲命運共同體，是中國基於自身發展需要作出的戰略選擇，把握了歷史發展規律，符合亞洲國家的共同願望和利益。縱觀歷史發展軌跡，不難發現亞洲命運共同體建設具有厚重的歷史積澱、鮮明的時代特徵和迫切的現實意義。

（一）建設亞洲命運共同體傳承了亞洲傳統歷史文化的精髓。亞洲文明曾長期走在世界前列，為推進人類文明進程作出了卓越貢獻。亞洲國家山水相連，友好交流源遠流長，形成了獨特的歷史文化和社會經濟聯繫。發端於中國的陸上和海上絲綢之路，成為承載亞洲經貿人文往來的友誼之橋。六百多年前，鄭和將軍率領全球最強大的艦隊七次遠航，足跡遍布三十多個國家和地區，執行「以德睦鄰」的和平對外政策，輸出的不是殖民掠奪，而是瓷器、絲綢和茶葉。西方學者統計，到工業革命之初，亞洲占世界經濟總量約三分之二。亞洲歷史上也不乏戰爭，但和平與合作始終是地區繁榮的堅實基礎。

近代以來，亞洲錯失工業革命浪潮，落後挨打，飽受西方列強侵略和殖民之苦。亞洲國家同聲相應，書寫了民族解放運動的壯美篇章。大批菁英人士開始從近現代國際關係視角審視本國和亞洲的定位，探索亞洲合作路徑。兩次世界大戰創劇痛深，日本軍國主義給亞洲人民留下了無以復加的慘痛記憶，為霸權侵略張目的「大東亞共榮圈」被丟進歷史垃圾堆。二戰後亞洲和非洲發展中國家舉起區域聯合的旗幟，萬隆會議有力鼓舞了亞洲各國聯合自強。但由於亞

洲處在美蘇冷戰前沿，分屬於東西方兩大陣營，亞洲區域合作一直到冷戰結束以後才真正開始。歷史經驗表明，亞洲各國和則利、斗則損。亞洲復興來之不易，聯合自強才是正道。

（二）建設亞洲命運共同體順應了世界和地區發展的潮流。世界多極化、經濟全球化、社會信息化深入發展，人類生活在同一個地球村裡。各國利益交融、休戚與共。國際政治經濟秩序不斷調整，世界的長期發展不可能再建立在一些國家厚斂財富、一些國家貧窮落後的基礎之上，必須走共同發展之路。歐洲一體化走在世界前列，北美、拉美、非洲等紛紛推進一體化建設，深化亞洲區域合作是大勢使然。

二戰結束後六十多年來，亞洲克服各種風險挑戰，擺脫積貧積弱，創造了舉世公認的「亞洲奇蹟」，成為世界上發展最快、潛力最大的地區。國際貨幣基金組織統計，二〇〇八年國際金融危機爆發後五年間，亞洲對全球經濟增長的貢獻達三分之二。同時，區域合作為亞洲的發展提供了強勁動力，各國相互依存度不斷提升。進入二十一世紀以來，亞洲區內貿易從八千億美元增長到三萬億美元，貿易依存度超過百分之五十。亞洲開發銀行報告稱，亞洲已成為全球自貿區建設最活躍的地區，自貿協定數量由二〇〇二年的七〇個激增至二〇一三年初的二百五十多個。中韓、中日韓、區域全面經濟夥伴關係（RCEP）談判不斷取得新進展。以東盟為主導的東亞區域合作機製為地區發展注入了強大動力。構建亞洲命運共同體，深化地區國家利益融合，實現共同發展，是地區國家的普遍期待。

（三）建設亞洲命運共同體反映了地區國家的共同利益訴求。和平與發展既是當前亞洲形勢的主流，也是各國的共同利益和民心所向。亞洲多數國家是發展中國家，發展仍是解決重大矛盾和問題的關鍵，發展經濟、改善民生是各國頭等大事。亞洲被公認為全球最具發展活力和潛力的地區，但國際金融危機

當地時間二〇一三年六月二日，新加坡，第十二屆亞洲安全會議持續舉行。

的深層次影響尚未消除，世界經濟復甦不穩，亞洲的外部環境依然嚴峻。美國主導推動跨太平洋夥伴關係協定（TPP）談判，美歐啟動跨大西洋貿易與投資夥伴關係協定（TTIP）談判，全球貿易版圖面臨巨大調整，亞洲欲成為世界經濟格局中穩定的第三極還有待努力。亞洲國家發展水平參差不齊，內部經濟改革任務繁重，貿易自由化和經濟一體化談判難度增大。抱團取暖，共推亞洲方案，才能在規則制定中爭取主動，贏得長遠。

亞洲地區快速崛起，吸引世界主要力量加大對亞洲的戰略投入，為地區發展提供了巨大助力，地區合作與競爭同步上升。亞洲在安全上面臨不少麻煩和困擾，既有二戰殘餘、冷戰積怨、海上爭議等歷史遺留問題，也有自然災害、跨國犯罪、網絡安全、能源和糧食安全等非傳統安全挑戰。軍事同盟呈強化之勢，一些國家間互信赤字嚴重。亞洲國家普遍希望通過加強對話協商解決矛盾

分歧，以互信合作維護地區穩定，在和平有利的環境中謀求發展。

（四）倡導建設亞洲命運共同體昭示了中國周邊外交的方向。改革開放三十多年來，中國完成了西方國家歷時一百多年的現代化進程，取得舉世矚目的發展成就，得益於和平穩定的周邊環境，也促進了亞洲的穩定和繁榮。中國發展與亞洲地區整體崛起相互支持，相互促進。

中國走和平發展道路，奉行睦鄰友好政策，深化同周邊國家互利合作，為亞洲繁榮穩定作出了重大貢獻。二〇一三年中國與東亞和南亞國家貿易額超過一點一四萬億美元，前十大貿易夥伴中半數來自亞洲，對外投資約七成投向亞洲國家和地區。中國已成為許多亞洲國家的最大貿易夥伴、最大出口市場和重要投資來源地。中國是亞洲區域安全機制的重要參與者和推動者，是維護亞洲地區和平穩定的堅定力量。隨著中國推進全面深化改革進程，中國和亞洲的利益聯繫將更加密不可分。

面對正在發展壯大的中國，地區國家的心態悄然變化。一方面期待上升，希望更多分享中國發展的紅利，由中國承擔更多責任；另一方面擔憂加劇，害怕中國在亞洲「一家獨大」，擠占別國發展空間，走國強必霸的老路。

歷史經驗表明，強國之路始於周邊。中國要實現民族復興的中國夢，首先要得到亞洲國家的認同和支持，要把中國人民的夢想同亞洲人民的夢想連接在一起。中國越發展，同亞洲和世界的聯繫越緊密，就越需要鞏固在亞洲的戰略依託。建設亞洲命運共同體，是對中國長期以來堅持的睦鄰友好周邊外交政策的傳承和創新，旨在把中國的發展和安全寓於亞洲整體發展和共同安全之中。這不僅是中國對亞洲前途和命運的責任和承諾，更是中國實現自身長遠發展所必須作出的戰略選擇。

三、建設亞洲命運共同體面臨歷史性機遇

亞洲的發展正在全方位地影響國際政治經濟格局。很多人認為「亞洲半球」正在崛起，「亞洲世紀」即將到來，世界權力重心正在東移。從世界和亞洲發展的大趨勢看，亞洲在新時期面臨著實現整體崛起的機會之窗。

一是亞洲經濟繼續領跑全球。亞洲有望長期擔當世界經濟復甦與增長的重要引擎。一些研究機構預計，作為世界第三大經濟板塊的亞洲，在可預見的未來將會超過歐盟和北美。亞洲開發銀行預測，二〇三五年亞洲占世界經濟比重將從二〇一〇年的 28%上升至 44%，二〇五〇年增至 52%，人均 GDP 將達到歐洲當前水平。

二是和平穩定是大勢所趨。和平是發展的基礎。亞洲國家雖有矛盾分歧，但普遍重視維護地區和平穩定，致力於通過友好協商妥善處理分歧，熱點問題處於有效管控之中。亞洲地區安全秩序日益向合作安全、共同安全方向發展。

三是機制體制支撐有力。亞洲地區各類合作機制蓬勃發展，東亞地區建成了 10+3 合作、多個 10+1 合作、中日韓三國對話與合作、東盟地區論壇、東亞峰會、六方會談等一系列合作機制，涵蓋南亞八國的南亞區域合作聯盟保持良好發展勢頭。政治、經濟、安全、人文等多領域機制相互補充，協同發展，為亞洲命運共同體建設提供了有效的平台。

四是亞洲意識不斷增強。亞洲國家各領域交流相得益彰，利益深度交融，崛起勢頭強勁，各國對亞洲的歸屬感和認同感不斷上升。國之交在於民相親，亞洲大多數經濟體 80%以上的入境遊客來自亞洲內部。區內交流交融為建設亞洲命運共同體打造了日益牢固的社會和民意基礎。

另一方面，我們也清醒地看到歷史和現實的障礙，沒有失去憂患意識。首

先，亞洲多樣性突出。各國發展水平、政治體制、社會文化、宗教信仰差異明顯，增加了地區一體化的難度。第二，地區局勢仍有不確定因素。熱點和敏感問題集中，朝鮮半島、東海、南海、阿富汗等一系列問題敏感複雜。日本領導人悍然參拜供奉二戰甲級戰犯的靖國神社，挑戰二戰結果和戰後國際秩序，造成地區國家關係緊張。第三，地區架構建設滯後，短期內難以建立類似歐盟的單一治理機構，現存各類合作體制將長期並存，協調各方利益難度較大。諸多地區自貿協定的「面條碗」效應明顯，經濟一體化推進路徑博弈突出。本地區安全合作長期滯後於經濟合作，尚未建立符合地區實際、滿足各方需要的區域安全架構。困難和障礙從另一側面說明了建設亞洲命運共同體的緊迫性和重要性。各國團結合作共同應對挑戰，本身就是建設亞洲命運共同體不可分割的一部分。

機遇與挑戰交織共生。展望未來，機遇前所未有，挑戰前所未有，把握機遇、化解挑戰、化危為機的運作難度也前所未有。這需要亞洲各國精心謀劃、戮力同心、共創偉業。我們完全有理由對亞洲命運共同體建設充滿信心。

四、中國是建設亞洲命運共同體的重要力量

建設亞洲命運共同體是亞洲國家的共同事業。中國保持自身穩定和持續發展，促進睦鄰友好合作，這將為建設亞洲命運共同體注入強大正能量。中國應該也能夠發揮帶頭和示範作用，在地區事務中更多貢獻中國智慧，提出中國方案，促進地區國家牢固樹立命運共同體意識，把建設亞洲命運共同體作為共同目標和自覺行動。

（一）以高層交往促進睦鄰友好。周邊是中國安身立命之本，發展繁榮之基，也是中國特色大國外交的起航之港。中國新一屆政府高度重視周邊外交。

二〇一三年，習近平主席、李克強總理等中央領導同志密集開展外交活動，基本實現與亞洲國家高層交往全覆蓋。中國全面深化同亞洲國家關係，與印尼、馬來西亞建立全面戰略夥伴關係，提升與文萊、斯里蘭卡合作關係，同巴基斯坦實現在一個多月內兩國總理互訪，同印度實現半個世紀以來兩國總理首次年內互訪。據不完全統計，中國同東亞和南亞國家外長以上互訪超過七十起，雙多邊場合會談會見三百多場。中國建國以來首次召開周邊外交工作座談會，明確了新形勢下周邊外交的指導思想和大政方針，堅持與鄰為善、以鄰為伴，堅持睦鄰、安鄰、富鄰，突出體現親、誠、惠、容的理念。中國將首先身體力行，還將與亞洲國家通力合作，使和平、合作、共贏成為地區國家遵循和秉持的共同理念和行為準則。

（二）以自身發展促進亞洲共同發展。近年來中國對亞洲經濟增長的貢獻率超過百分之五十，已成為亞洲整體發展的重要牽引。黨的十八屆三中全會就我國全面深化改革進行總體部署。中國新一輪改革符合自身利益，也將促進中國的對外合作。中國推進經濟轉型，挖掘市場潛力，擴大對外投資規模，將給全世界帶來新的機遇。「近水樓台先得月」，亞洲國家無疑將首先受益，對促進亞洲的共同發展是重大機遇。

中國把握亞洲發展脈搏，找準地區國家的利益契合點，提出了打造絲綢之路經濟帶和二十一世紀海上絲綢之路、中巴經濟走廊、孟中印緬經濟走廊、中國與東盟「2+7 合作框架」、亞洲基礎設施投資銀行等一系列重要倡議。中國將與亞洲國家密切協作，確保這些倡議落到實處、早見成效，為本地區經濟發展注入更加強勁的動力，造福亞洲各國人民。

中國將以正確義利觀為指導加大對亞洲國家的幫扶。我們將繼續增加對亞洲發展中國家特別是最不發達國家不附加任何條件的援助，幫助他們實現自主發展和可持續發展；鼓勵有實力的中國企業擴大對亞洲國家的投資，積極參與

二〇一三年六月六日，首屆中國—南亞博覽會隆重開幕。

亞洲國家的發展建設。在亞洲國家面臨自然災害等困難時，中國也將一如既往地伸出援手，同舟共濟。

（三）以區域合作促進命運共同體建設。中國一直積極參與和推動區域合作。亞洲現有的東盟、10+3、東亞峰會、南盟等合作機制各有發展特點和重點方向，應發揮各自優勢，互補互助，形成合力。中國將繼續堅定支持東盟共同體建設，支持東盟在區域合作中發揮核心作用。中國提出中國——東盟「2+7合作框架」，同東盟國家商簽睦鄰友好合作條約，推動中國——東盟自貿區升級版，這將有助於實質性提升與東盟的合作。中國打造中國—南亞博覽會合作平台，願深化同南盟的務實合作。

中國加快實施周邊自貿戰略，積極推進區域全面經濟夥伴關係（RCEP）和中韓、中斯（里蘭卡）、中蒙、中日韓自貿協定談判。我們還將與亞洲國家

加強協調，共同探討建設亞洲貨幣穩定體系、投融資合作體系和信用體系，促進地區經濟融合，增強亞洲國家共同抵禦外部風險挑戰的能力。

二〇一四年，中國將主辦亞太經合組織領導人非正式會議、亞洲相互協作與信任措施會議峰會、博鰲亞洲論壇年會等多場重要國際會議。眾多亞洲鄰國的領導人將接踵來華參會，共敘友誼，暢談合作。區域合作機制將成為亞洲命運共同體建設的有力平台。

（四）以安全合作維護亞洲和平穩定。中國堅持走和平發展道路，積極發揮負責任大國作用，倡導互信、互利、平等、協作的新安全觀，追求全面安全、合作安全、共同安全，致力於同周邊國家共同營造和平穩定、平等互信、合作共贏的地區環境。中國積極與亞洲國家拓展防務與安全交流，全面參與區域和次區域安全合作，做區域多邊安全機制的推動者和建設者，將努力為亞洲乃至世界提供更多安全公共產品。

中國致力於妥善解決地區熱點問題。在朝核問題上，中國積極開展勸和促談工作，為推動局勢穩定作出了不懈努力。有關各方圍繞重啟六方會談互動增多，半島局勢逐漸趨於緩和。中國支持阿富汗推進廣泛和包容性的民族和解，積極參與阿富汗重建和涉阿地區合作。中國將於二〇一四年承辦阿富汗問題伊斯坦布爾進程第四次外長會，為促進阿富汗和南亞地區的和平與發展作出更大貢獻。

中國將繼續妥善處理同有關國家的領土和海洋權益爭議。在涉及領土主權和海洋權益爭端問題上，中國將堅守自己的原則和底線。中國也從來都是從大局出發，以最大誠意和耐心，堅持通過友好協商妥善處理矛盾和分歧。在釣魚島問題上，中方被迫採取的維護主權的舉措具有充分的法理依據。劃設東海防空識別區是中國作為主權國家的正當權利，符合國際法和國際慣例。中國將同

東盟國家繼續全面有效落實《南海各方行為宣言》，積極穩妥推進「南海行為準則」制定進程。我們將認真落實同越南、文萊就共同開發達成的重要共識，用好中國——東盟海上合作基金，全面拓展同相關國家海上合作，以合作淡化分歧，為爭議的最終解決創造條件。

（五）以人文交流豐富命運共同體的內涵。關係親不親，關鍵在民心。近年來，中國與亞洲鄰國人文交流空前活躍，合作領域不斷拓寬，交流規模持續擴大。周邊外交工作座談會提出的親、誠、惠、容理念代表了中國的友鄰之道。親是指要鞏固地緣相近、人緣相親的友好情誼，誠是指以誠待人、以信取人的相處之道，惠是指踐行惠及周邊、互利共贏的合作理念，容是指展示開放包容、求同存異的大國胸懷。我們要同周邊國家講平等、重感情，常見面、多走動，多做得人心、暖人心的事，使周邊國家對我們更友善、更認同、更支

二〇一三年十一月十八日晚，第十三屆亞洲藝術節開幕式在昆明舉行。

持。

中國重視同亞洲國家擴大人文交流。截至二○一二年底，中國在亞洲國家共開設六十六所孔子學院和三十二個孔子課堂，互派留學生近五十萬人。我們同亞洲國家人員往來超過三千萬人次，入境中國內地的亞洲國家人員達一千五百多萬人次，占外國人入境總數的百分之五十七，外國人入境人數前十位的國家中有七個是亞洲國家。

中國將繼續全方位推進人文交流，深入開展文化、旅遊、科教、地方合作等友好交往，廣交朋友，廣結善緣。二○一四年是中國與東盟及蒙古、印度等國的友好交流年，中印緬還將共同紀念和平共處五項原則發表六十週年。共同辦好這些活動，將不斷增強各國人民的相互了解和友誼。我們將根據亞洲國家的實際需要，繼續向他們提供獎學金和培訓項目，幫助亞洲國家培養更多專業人才。我們願同亞洲各國交流治國理政的經驗，傳播中國聲音，講好中國故事，努力把中國夢同周邊各國人民過上美好生活的願望、同地區發展前景對接起來，不斷譜寫人文交流新篇章。

結束語

命運共同體是全球化時代的產物，是新時期國際關係發展大勢所趨。構建亞洲命運共同體是歷史賦予亞洲國家的共同課題，將為倡導人類命運共同體提供借鑑與示範。我們要有智慧和勇氣，超越零和博弈與冷戰思維，開闢人類合作應對挑戰、實現可持續共同發展的嶄新道路。

中國提出構建亞洲命運共同體，是對睦鄰友好外交政策的傳承和創新，體現了有中國特色的大國外交的精髓和方向。中國將持續深化同亞洲國家的互信互助，全方位推進睦鄰友好合作，也希望地區國家與我們攜手努力，探索亞洲

道路，彰顯亞洲智慧，共建亞洲繁榮，為人類和平與發展事業作出更大貢獻。

作者劉振民，中華人民共和國外交部副部長。

新時期中國外交全局中的中美關係*

—— 兼論中美共建新型大國關係

崔天凱　龐含兆

一

在中國的外交全局中，中國與美國的雙邊關係占有特殊重要位置。維護和推動中美關係健康穩定發展是中國對外政策的優先重點之一。

中國的對美政策在目標上與國家對外戰略相一致。如果說維護好國家的主權、安全、發展利益，為中華民族的偉大復興爭取一個總體和平、有利的外部環境是中國外交戰略核心目標，那麼處理好與美國的關係就是實現這一目標的重要條件和必然要求。如果說堅定不移走和平發展道路是中國領導集體、執政黨和最廣大人民群眾作出的戰略抉擇，那麼在中美之間探索出一種合作而非對立、雙贏而非「零和」、良性競爭而非惡意博弈的新型大國關係模式就是中國和平發展必須解答好的重大命題。

中國致力於與美國探索新型大國關係道路的政治意願是清晰和明確的。胡錦濤主席在今年五月出席第四輪中美戰略與經濟對話時闡明了中美努力發展讓兩國人民放心、讓各國人民安心的新型大國關係的重要性，強調要「打破歷史上大國對抗衝突的傳統邏輯，探索經濟全球化時代發展大國關係的新途徑」。

---

* 此文最初發表於王緝思編《中國國際戰略評論 2012》，世界知識出版社 2012 年版。

二〇一〇年十二月十五日,第二十一屆中美商貿聯委會全會在華盛頓舉行,時任中國國務院副總理王岐山與時任美國商務部長駱家輝、貿易代表柯克共同主持會議。

習近平副主席二月訪美期間明確提出,中美應努力塑造二十一世紀的新型大國關係,「為不同政治制度、歷史文化背景和經濟發展水平的國家建設積極合作關係樹立前無古人、後啟來者的典範」。戴秉國國務委員同美方多輪戰略對話的中心議題始終是中美如何建立和發展新型關係,而且,隨著對話的深入,這一主線越來越鮮明和突出。

中方的戰略姿態和政治信號已得到來自太平洋彼岸的呼應。奧巴馬總統、拜登副總統、克林頓國務卿多次表示,美國歡迎一個強大、繁榮、穩定和在世界上發揮更大作用的中國,「中國的崛起不是美國的終結」,「美中正為崛起大國和守成大國建立新的互動模式」,共同尋找「一個守成大國與一個新興大國相遇時會出現何種局面」這個古老問題的新答案。

事實上,中國與美國探索新型大國關係的努力早在四十年前尼克松總統訪

華、兩國領導人共同推開中美重新交往大門之時就已起步。這種努力體現於鄧小平同志二十三年前所作「中美關係終歸要好起來才行」的重要論斷，體現於江澤民主席一九九三年會晤克林頓總統時提出的「增加信任、減少麻煩、發展合作、不搞對抗」十六字方針，體現於胡錦濤主席二〇一一年訪美期間與奧巴馬總統達成的共建相互尊重、互利共贏的中美合作夥伴關係共識，也體現於若干年來雙方為培育互信進行的對話、為管控分歧開展的溝通、為維護共同利益推進的合作。

當前，國際格局、世界經濟、人類社會都發生著複雜、深刻變化。中國要堅持既定方向，秉持和平、合作理念，走出一條不同以往的大國復興圖強的新路來；中美要打破所謂歷史宿命，走出一條和平共處、合作共贏的大國關係新路來；世界要順應經濟全球化、政治多極化潮流，走出一條多元包容、持久和平、共同繁榮的新路來。中美關係走勢對這三方面的摸索實踐都具有舉足輕重的影響，關乎兩國和世界的前途命運。

二

今天的中美關係同四十年前尼克松總統訪華、三十三年前兩國建交時相比已發生很大變化。再悲觀的人也需要承認，雙方積累了一定的戰略共識、深厚的合作基礎以及彼此打交道的豐富經驗。這些決定了，雙方確立一個更加穩定、可靠的良性互動架構，開創一種新型大國關係模式，是可能和可行的。

首先，兩國已經認識到，合作共贏是兩國在新的歷史條件下處理彼此關係的最大公約數。這可以被視為一種最基本的戰略共識，是「和則兩利、斗則俱傷」認識的昇華，為雙方在未來交往中形成更高層面的戰略共識或者默契提供了基礎。中美都是自信國家和民族，都堅定認為自己是本國命運的主宰，對對

方國家應有最基本的尊重。中美已在公開政策宣示和內部戰略溝通中相互表明，對對方沒有領土要求，因此也就不存在曾導致傳統大國對立衝突的重要根源。中美均承認一個現實，兩國所處時代背景不同以往，相互依存日益加深，兩國的發展繁榮都離不開對方，在國際事務中也都需要彼此的理解、尊重與合作。在新的時期兩國要全力避免重蹈傳統大國惡性競爭的覆轍，全力避免雙邊關係走向雙輸。這不是喜歡不喜歡、想要不想要的問題，而是符合雙方根本利益和國際社會共同利益的必然選擇。

其次，兩國對話溝通管道日趨豐富、完備，為雙邊關係穩定發展提供了機制保障。近年來，兩國高層接觸頻繁程度世所罕見。自二〇〇九年一月以來，胡錦濤主席同奧巴馬總統已十二次會晤、七次通話、三十四次通信，吳邦國委員長、溫家寶總理多次與奧巴馬總統等美領導人會面，拜登副總統、習近平副主席實現了互訪。雙方建立起中美戰略與經濟對話（王岐山副總理、戴秉國國務委員、克林頓國務卿、蓋特納財長分別任兩國元首特別代表）、人文交流高層磋商（劉延東國務委員、克林頓國務卿分別任雙方主席）、商貿聯委會（王岐山副總理與美國商務部長、貿易代表對談）、科技聯委會等六十多個對話磋商機制，涵蓋了兩國關係的方方面面。兩國之間還建有元首、外長熱線，王岐山副總理也與蓋特納財長經常通話。戴秉國國務委員與克林頓國務卿、總統國家安全事務助理多尼隆的小範圍會晤迄今已分別舉行五次和三次，每次時長都遠遠超過一般意義上的官式會談。兩國之間高頻率和形式多樣的高端機制化交流起到了增加了解、減少誤解、擴大合作的重要作用，所取得的成果、達成的共識務實、豐碩、可見，雙方均已表明要使這樣的溝通和協調跨政府、長效化。

兩軍關係是中美關係重要組成部分。近年來，中美兩軍交流與合作得到了積極發展。雙方通過中美國防部防務磋商、工作會晤、海上軍事安全磋商機制和國防部直接通話等就涉及兩國兩軍互信的重要問題進行對話和溝通，還開展了海上搜救聯合演練、合作尋找美軍失蹤人員遺骸和軍事院校、退役將領等多

層次、多軍種、多形式的交流。但兩軍關係不時受到美售台武器等問題的衝擊和干擾，部分對話交流一度中斷，責任完全在美方。中方一直致力於推動兩軍關係發展。今年二月習近平副主席訪美期間，赴五角大樓訪問，就如何推動兩軍關係健康發展提出重要指導意見。五月梁光烈國務委員兼國防部長訪美期間表明了發展兩軍關係、為兩國共建新型大國關係發揮積極作用的態度。他說，「我們應該站在面向二十一世紀的高起點上，以更加寬廣的戰略視野，規劃好兩軍關係今後的發展方向，努力建立與兩國關係相適應的平等互利、合作共贏的新型軍事關係。」只要美方切實消除對台軍售、迪萊修正案等長期制約兩軍關係的障礙，兩軍關係就可以順利發展，為推動兩國共建新型大國關係作出更重要貢獻。

二〇一二年七月十二日，由中國資源綜合利用協會可再生能源專業委員會攜手美國太陽能行業協會主辦的二〇一二中國光伏產業領袖峰會在北京釣魚台國賓館舉行。

第三，**兩國榮損與共的利益交融格局無法打破、不可逆轉，還將持續深化。**經貿往來已成為維繫中美關係的重要紐帶。美國的資金和技術在中國發展過程中發揮了重要作用，美國也獲得了豐厚回報。中美現在已互為第二大貿易夥伴，雙邊貿易額 2011 年已達 4466 億美元，較建交之初增長了 182 倍，每天有超過 10 億美元的商品和服務在兩國之間流動。中國已連續 10 年成為美國增長最快的出口市場。據美中貿委會統計，2001 至 2010 年，美對華出口增幅達 468%，而同期對世界其他國家和地區的總出口增幅為 55%，美國本土 400 至 800 萬個就業崗位與中美貿易直接相關；2001 至 2010 年間，中國商品為美國消費者節省了 6000 多億美元。截至 2011 年底，美對華投資項目累計達 61068 個，合同金額 1623 億美元，實際投入 676 億美元。中國美國商會報告顯示，目前 60%以上的在華企業利潤率高於其全球平均利潤率。中國企業在美非金融類直接投資累計約為 60 億美元，涉及工業、科技、農業、能源、保險、運輸等多個領域。

　　第四，**民間交往成為推動中美關係持續發展的源源不竭動力。**中美兩國人民對對方長期抱有樸實的友好感情，希望兩國成為友人而不是敵人，曾在人類反法西斯戰線上相互支持，「飛虎隊」這樣的往事至今在兩國國內仍有著廣泛的影響。美國蓋洛普網站 2 月民調顯示，13%的美國民眾認為中國是「盟友」，63%的人認為中美「雖不是盟友，但友好」。美國「百人會」4 月民調顯示，近八成的中國民眾認為美國是中國最重要的合作夥伴。現在，每天有 9000 人、每週約 200 架次客運航班、每年有 300 多萬人來往於太平洋兩岸。中美已建立起友好省州關係 38 對，姐妹城市 176 對。雙方每年互派留學生達 10 萬人。中國有約 3 億人掌握或正在學習英文，美國有 1000 多所大學開設漢語專業，4000 多所中小學開設漢語課，20 多萬人學習漢語。兩國教育機構合作在美設立了 80 多所孔子學院、300 多個孔子課堂。走新型大國關係之路順應了民意。

第五，不斷擴大、深化國際協調合作是雙方走新型大國關係之路的基本要求和重要助力。中美作為世界最大的發展中國家和最大的發達國家，同為聯合國安理會常任理事國，分處太平洋兩岸，對維護地區和國際和平、安全與繁榮肩負著重大而獨特的責任。四十年前，中美重啟兩國交往大門就是兩國領導人從全球視野審視與對方關係的結果。現在，兩國關係的影響更遠遠超出雙邊關係範圍，全球內涵越來越深。雙方在應對國際金融危機、推動世界經濟穩定復甦和增長、維護國際防擴散體系以及打擊海盜、氣候變化、糧食和能源安全等全球性挑戰和非傳統安全問題上開展了有效協調與合作。中美之間業已形成的一個共識是，兩國合作不能解決世界上的所有問題，但對解決所有問題都必不可少。戴秉國國務委員在第四次中美戰略與經濟對話期間提出，中美不要搞「G2」（兩國集團），但應該搞「C2」（兩國協調）。

二

中美走順共建合作夥伴關係、探索新型大國關係之路，需要破解五大難題：

（一）**戰略互信缺失**。人無信不立，國家之間亦然。中美不能說沒有互信，但互信不足也是客觀事實。中美是兩個大國，都不會放棄各自深植於歷史和文化傳統的信仰、價值觀和社會制度，堅定維護自己的利益，對彼此戰略意圖的判斷如果「失之毫釐」，後果很可能將「差之千里」。基辛格認為，中美如策略失當，長遠成本可能比一場戰爭還要大。無論是管理雙邊交往，還是應對全球和地區共同課題，無論是出於兩國關係長遠發展的要求，還是為了回應國際社會的普遍期待，增進中美互信越來越迫切。

「知人者智，知己者明。」中國經濟總量已躍居世界第二，但大國不等於

強國，中國的發展中國家基本屬性並沒有變化，在未來相當長時期內，必須集中精力解決發展和民生問題，必須堅持走和平發展道路，爭取和平穩定的國際環境。中國外交本質上是內斂型而非擴張型，是和平型而非暴力型。

中方無意挑戰美國的地位，更無意與美國爭奪霸權。想當然認為中國想要挑戰美國國際地位的觀點不符合事實。同時，中國走和平發展道路，既取決於自己的努力，也需要得到外部世界的理解和支持。在這方面，美國的選擇至關重要。

近年來，美國國內出現一些將美國面臨的問題歸罪到中國頭上的苗頭，對中美之間的具體問題不是本著「就事論事」的務實態度去解決，而是無限上綱上線，動輒用大國爭霸的尺子去衡量，從最壞處臆測和分析中方的意圖。在「重返」亞太過程中，美大力強化同盟體系、推進亞太反導體系、推行「海空

二〇一〇年六月十一日，美國二戰時期援華的「飛虎隊」成員來到南京航空烈士公墓祭奠。

一體戰」、插手中國與周邊有關國家分歧等，背後的真實意圖是什麼？想借此向中國和地區發出什麼樣的信號？不僅中方有疑問，地區國家也感到不安。如何讓中方、地區國家和國際社會相信美國對華政策表述與真實意圖之間並不存在「鴻溝」，是美國必須要面對和解決的問題。

（二）核心利益瓶頸。中美互為利益攸關方，雙方利益的交集在增多而不是減少，尊重對方的核心利益和重大關切，也是為維護好自己的核心利益和重大關切創造必要條件和氣氛。中國從不做有損美國核心和重大利益的事，但美國在中國核心和重大利益問題上的所作所為難令中方滿意。

中美關係中最重要、最敏感的是台灣問題，涉及中美關係的政治基礎。鄧小平曾說過，中美之間沒有別的問題，只有一個台灣問題；台灣問題解決了，中國同美國之間的疙瘩也就解開了。歷史證明，台灣問題處理好了，中美關係就能順利發展，反之就會遇到波折甚至重大沖擊。

美方公開聲稱堅持一個中國政策，反對台獨，但「八一七公報」發表三十年後的今天，美仍然在對台售武。那種認為將兩岸分隔現狀無限期延續下去對美有利的看法顯然誤判了兩岸形勢，擺錯了台灣問題在美對華關係中的位置。在中美利益互融度日益深化之際，打台灣牌是負收益而非正資產，滿足的是極少數人的利益，受損的是更大範圍的中美關係，使美陷入更大戰略被動。鄧小平還說過，「坦率地說，美國這樣做（對台售武），並不會對中華人民共和國構成了不起的威脅，但是對我們用和平方式、談判方式解決統一問題製造了障礙」。美國內越來越多的人認為，美無限期地對台出售武器，又想與一個日益強大的中國建立更密切的關係是不現實的。

恪守在「八一七公報」中的承諾，更加明確地遏獨而不是阻統，以實際行動顯示堅持一個中國政策，為促進台海局勢穩定、促進地區和平穩定發揮積極和建設性作用，為中美關係持續穩定創造良好的環境，這符合美國的長遠利

益。如果美方放棄不合時宜的思維，台灣問題是可以成為促進中美關係的積極因素的。

美方承認，相互尊重，互不干涉彼此的內部事務，以夥伴關係精神處理有關問題，是中美關係發展的基礎。但美方在涉藏、涉疆、民主、人權等問題上時常公開指責中方，甚至發生公開插手中國內政的事情。顯然，美國還有一些人念念不忘對中國進行「和平演變」。在一個多人口、多民族的國家裡，找到不滿聲音並不難，但如將此視為搞「顏色革命」的機遇，就犯下重大戰略錯誤。絕大多數中國老百姓珍惜來之不易的穩定局面，希望在維護穩定大局的前提下，推進各項改革，而這正是中國政府正在做的事情。「和平演變」在中美力量對比懸殊時沒有成功，現在和將來就更加渺茫。「要想人不知，除非己莫為。」背後的小動作越少，越有利於雙方將更多精力放到那些真正有利於實現中美互利雙贏的合作上來，對雙方、對世界就越有利，對走新型大國關係之路就越有利。

（三）**真正踐行平等相待**。這是民主思想在國際關係中的題中應有之意。中美發展關係從一開始就不存在誰求誰、誰欠誰、誰高誰低的問題，而是雙方基於維護共同的現實和長遠戰略利益所作出的選擇。鄧小平曾說過，「就中美角度講，我聽到一些美國人說，好像中國改善同美國的關係是因為中國有求於美國。我看這種看法是不對的。按照這種邏輯，中國發展了，經濟和軍事力量強大了，就不會考慮與美國搞好關係，共同對付世界上的挑戰。這種邏輯是不正確的。」

平等不等於中國要與美國平起平坐、搞「共治」或者「分治」，而是要從心態上、行為上真正將對方視為平等的對話合作夥伴，多些換位思考，對等照顧到對方關切，處理雙邊關係的方式符合《聯合國憲章》等國際社會普遍接受的規範，而不是自視高人一等，並且任意為實現自身利益最大化而修改規則。

中美不可能變成對方，兩國對外戰略目標並非一致，外交理念和手段存在差異，這很正常，並不表明雙方不能實現雙贏。事實上，中美在傳統的國際政治、經濟、安全等領域的共同利益正在逐漸增多，在網絡等國際新空域又進一步擴大了合作空間。實踐證明，只要雙方真正秉持平等原則，就可以找到利益匯合點，實現互利合作。相反，如果為了一己之利而單向施壓，甚至公開指責對方是「有選擇的利益攸關方」，「站在了歷史錯誤的一邊」，威脅組建「國際統一陣線」逼對方就範，非但於事無補，還會影響兩國關係的整體氣氛。中方一貫主張要以建設性的、照顧雙方舒適度的方式來解決問題，不會輕率採取和發表處理兩國關係的行動和言論，但在捍衛中國的獨立、主權和國家尊嚴方面決不含糊。

（四）貿易結構重組。中美存在經貿摩擦，事實上是中美利益互融加深的體現，是可以在中美關係不斷成熟過程中找到解決方法的。關鍵是要用發展的眼光看待問題，避免經貿問題政治化，更不能根據自己的內政議程強推所謂解決問題的時間表。中國是個擁有十三億多消費者的巨大市場，未來五年內將創造十萬億美元的進口需求。很多與中國經貿聯繫密切的國家從中國五年發展規劃中看到了所蘊涵的巨大合作潛力，越來越重視將本國發展戰略與中國的五年發展規劃相銜接，從中尋找和擴大合作機會，這是明智之舉。如果只盯著一些具體爭議，只見樹木、不見森林，非但不能解決問題，反而會喪失擴大合作、實現更大共贏的機會。

中美都面臨調結構、保增長、促就業的重任，通過尋找新的支點和平台，加快建設全面互利的經濟夥伴關係，對維護兩國和世界經濟穩定復甦和增長至關重要。溫家寶總理早已向美方提出促進中美經貿、金融、投資、基礎設施建設合作的一攬子計劃，包括進一步加大雙向貿易，加強雙向投資，推進在新能源、新材料、節能環保、航空航天等領域的合作，不斷開拓新合作亮點。如美方積極回應中方提議，以對話協商而非保護主義的方式處理彼此經貿關切，以

實際行動放寬越來越沒有實際意義的對華高技術產品出口限制，中美經貿關係可望實現質的飛躍。

（五）**在亞太地區真正實現良性互動。**中美兩國都是太平洋國家，在亞太利益交匯最集中、接觸最直接、影響也最深遠。習近平副主席訪美時曾表示，「寬廣的太平洋兩岸有足夠空間容納中美兩國」。中方一直尊重美方在地區的合理利益和關切，歡迎美國為本地區和平、穩定與繁榮作出努力，同時也希望美方尊重中方的利益和關切。

近期，在中國周邊地區發生了一些問題，中方並不是始作俑者，更不是施害者，而是受害者，被別人強加到頭上。如果真的如一些人所說，中國的政策是導致地區不穩定的因素，那麼如何解釋中國的發展帶動亞太地區蓬勃發展、中國與周邊利益融合達到了新的歷史高點？如果說中國要謀求地區霸權、推進排他性的地區機制化安排，那麼如何解釋中國一直大力推動東盟在地區事務上發揮主導作用、第一個公開歡迎美國加入東亞峰會，並在地區熱點問題上積極尋求與相關各國進行合作？中國從未將謀取地區主導地位視為自己的戰略目標，也從未大張旗鼓地在亞太地區以意識形態劃線。事實上，中國以自己的實際行動而非美妙言辭來體現自強不息、開拓進取、開放包容、同舟共濟的亞洲精神，睦鄰友好政策給地區國家帶來了實實在在的好處。

相反，很多國家對美方在本地區力推冷戰色彩濃厚的軍事同盟建設、擴充軍力等作法深表關切，認為這與和平、發展、合作的地區主流民意不相符。很多熟悉中美關係的人士也很擔憂，認為美太過強調軍事範疇，而對其他緊迫領域投入不足；亞太地區沒有國家願意被迫在美中兩國間作出選擇。一些地區國家政要公開告誡美不要以冷戰思維處理對華關係。

二○一一年《中美聯合聲明》指出，「兩國領導人支持通過合作努力建設二十一世紀更加穩定、和平、繁榮的亞太地區。」從二○一一年六月開始，中

美已開展了三輪亞太事務磋商，如何在亞太良性互動是磋商的重點。雙方都認為應遵循相互尊重、照顧彼此利益和關切的原則，共同努力為本地區人民提供公共產品，即和平穩定的地區環境、共同繁榮的發展前景、互利合作的夥伴關係。中美在亞太良性互動符合兩國的根本利益，符合時代潮流，符合地區國家普遍期待。

四

中國革命先驅孫中山先生說過，「世界潮流，浩浩蕩蕩，順之則昌，逆之則亡。」中美從曾經的敵對到今天成為重要的國際合作夥伴，是順應大勢之舉，更是中美兩國領導人超越時代侷限戰略決策的結果。新中國的締造者毛澤東在中美關係問題上高瞻遠矚。他在一九五六年就說過，「中美兩國的人民是友好的，只是政府的關係不好。我這一代同美國政府的關係不好，我們的兒子一代可能好；再不好，孫子一代總會好起來的。」正是他的「小球推動大球」的戰略決策打開了中美交往的大門，才會有中美關係的今天。尼克松總統一九七二年訪華致辭時說，「今天我們有巨大的分歧，使我們走到一起的，是我們有超過這些分歧的共同利益。」

如果說中美雙方用第一個四十年，建立起要走這條惠及雙方和世界的新型大國關係之路的共識，那麼在中美關係的第二個四十年裡，雙方的任務就是集中精力，踏踏實實走好這條新路。戴秉國國務委員在第四輪中美戰略與經濟對話中向美方指出，「這種新型大國關係應該具有以下特徵：政治上相互尊重、平等相待；經濟上全面互利、合作共贏；安全上互信包容、共擔責任；文化上交流借鑑、相互促進；意識形態上求同存異、和平共處。這實際上是按照兩國元首建設相互尊重、互利共贏的中美合作夥伴關係的思路發展和演繹而來，既是路徑，也是目標。」只要中美雙方堅持兩國元首的共識，堅持中美合作夥伴

關係的方向，堅持中美三個聯合公報和《中美聯合聲明》的精神，這條新型大國關係之路就能夠越走越實，越走越寬，越走越遠。我們期待美方與中方相向而行，共同譜寫國際關係史上的新篇章。

　　　　作者崔天凱，中華人民共和國駐美利堅合眾國特命全權大使。

中國夢與和平發展理念中的中國外交

余洪君

　　自習近平同志參觀《復興之路》展覽時首次闡述中國夢以來，這一概念已經引起全球熱議。國際社會不僅關注中國夢的內涵是什麼，而且關注中國夢對中國外交意味著什麼，以及中國外交是否會作政策調整。國際社會對中國夢的解讀總體正面積極，但也存在一些曲解和誤讀。在此背景下，準確解讀中國夢，詮釋中國夢框架下的中國外交理念，釐清「中國夢」與中國的「世界夢」的關係，理順中國夢與中國外交間的邏輯脈絡，有助於正確理解中國夢的外交意涵，有助於準確預測中國外交的未來走向。

一、中國夢的基本內涵和理論特徵

　　習近平同志在首次闡述中國夢時說，「我以為，實現中華民族偉大復興，就是中華民族近代以來最偉大的夢想。這個夢想，凝聚了幾代中國人的夙願，體現了中華民族和中國人民的整體利益，是每個中華兒女的共同期盼。」他在當選國家主席後發表的講話中更全面深入地闡述了中國夢。他說，「實現全面建成小康社會、建成富強民主文明和諧的社會主義現代化國家的奮鬥目標，實現中華民族偉大復興的中國夢，就是要實現國家富強、民族振興、人民幸福，既深深體現了今天中國人的理想，也深深反映了我們先人們不懈追求進步的光榮傳統。」這是迄今為止習近平同志對中國夢最為集中的兩次闡述。應該說，實現中華民族偉大復興是對中國夢的高度概括，國家富強、民族振興、人民幸福是對中國夢內涵的具體闡述。至此，中國夢的奮鬥目標已經非常清晰和明

確。不過，要更深入理解中國夢，還需把握中國夢的幾個重要理論特徵。

（一）中國夢體現的是連續而非割裂的歷史觀。一個民族的歷史是一個民族安身立命的基礎，客觀而理性地看待自身歷史是一個民族和國家發展成熟的重要標誌。中國夢植根歷史，立足現實，面向未來，體現了一種連續而非割裂的歷史視角。「中國」是一個空間和群體的概念，「夢」是一個指向未來的概念，「中國夢」因而具有超越意識形態和跨越時空的鮮明特徵。它可以更好地概括中華民族共同經歷的非凡奮鬥、共同創造的美好家園、共同培育的民族精神、共同堅守的理想信念；可以更好地整合中國最近三十多年改革開放和現代化建設的偉大實踐、中華人民共和國成立六十多年來的持續探索、中國人民近現代以來一百七十多年的頑強鬥爭，乃至中華民族五千多年的悠久文明；可以更充分地體現全體中國人對先人的尊重、對民族的認同和對自身歷史的正視。中國夢是在總結歷史經驗、傳承民族美德的基礎上，對全國各族人民嚮往和追求美好生活的理想信念所作出的最形象化、最具感召力的歸納和概括。在這一歷史觀支撐下，對錦繡前程夢寐以求的全體中國人能夠更客觀更理性地認識自身的利益和訴求，能夠更準確更有定力地找到自己的歷史方位，能夠更貼切更務實地設定理想信念和奮鬥目標。

（二）中國夢蘊含的是平衡而非偏執的價值觀。國外有一種觀點認為，中國夢是一個「民族主義」或「國家主義」的夢，這種看法有失全面，也不公允。習近平同志在當選國家主席後的講話中明確指出，「中國夢是民族的夢，也是每個人的夢。」他還進一步強調，「中國夢歸根到底是人民的夢，必須緊緊依靠人民來實現，必須不斷為人民造福。」事實上，中國夢所蘊含的價值觀理念是整體與個體、權利與責任的平衡與有機統一，是一種更為均衡和包容的價值體系。一方面，中國夢追求國家與個人、整體與個體的良性互動與和諧相處，是國家、民族、個人夢想的統一，與西方社會理解的「個體主義」價值偏好有較大差別；另一方面，中國傳統文化強調責任，強調義務，強調自我反

思，講究「反求諸己」，與西方社會強化權利而淡化責任的價值取向也明顯不同。更為難能可貴的是，中華民族傳統文化傾向於以包容、互諒、換位和相互轉化的思維方式思考和處理問題。在任何看似存在張力甚至衝突的情況下，中國人都可以通過溝通、交流、協商、對話，在不同價值取向和利益訴求之間掌握平衡，並對立場的相互轉化和利益的平等置換持開放態度。

（三）中國夢堅守的是包容而非對立的制度觀。中國特色社會主義道路是新中國成立以來，特別是改革開放三十多年來中國共產黨領導全國各族人民總結歷史經驗，不斷艱辛探索才最終找到的，體現了繼承性與創新性、主體性與開放性的有機結合。從中國特色社會主義道路的形成過程可知，其價值觀基因與理論淵源一是中華民族五千年根深柢固的歷史積澱和博大精深的文化傳承，二是近現代以來包括中國共產黨人在內無數志士仁人的變革求新與持續探索。馬克思主義中國化的過程，不僅是科學社會主義理論與中國革命和建設實踐相結合的過程，也是中國化的馬克思主義理論不斷再塑和昇華的過程。中國共產黨在領導全國人民不斷發展完善中國特色社會主義道路的同時，逐漸形成了理論、道路和制度自信。這種以自強不息為基礎的自信，不是盲目自尊和自負，更不是剛愎自用和自滿。中國共產黨人對自己的理論、道路和制度的堅定自信，強調的是獨立思考和獨立自主。這樣的自信，只會讓中國在全面融入世界過程中更為開放包容，對人類社會創造的一切優秀文明成果更加兼收並蓄，而絕非封閉排外和保守僵化。「山銳則不高，水狹則不深。」不久前召開的中共十八屆三中全會已經向國際社會再一次表明，改革開放的中國將繼續從歷史中汲取正反兩個方面的寶貴經驗，繼續保持開拓創新、銳意進取的先進品格，繼續努力借鑑人類一切文明成果和有益經驗，最大限度地將世界上的各種先進理念和制度設計引入到中國的道路和體制框架之中。

（四）中國夢秉持的是綜合而非片面的發展觀。中國夢追求的是綜合的、全面的、可持續的並能真正體現公平正義的社會發展與進步。從質與量的關係

二〇〇四年六月二十三日，第三輪六方會談開幕。

來看，中國夢不單純追求經濟總量的上升，而是追求各領域的共同發展，是數
量增長與質量提高的良性互動，是政治昌明、經濟繁榮、文化進步、社會和
諧、生態良好的協同推進。從發展限度和可持續性上來看，中國共產黨人將始
終以發展經濟為第一要務，但絕不會輕視甚或無視生態環境問題。我們都知
道，如果十三億多中國人一味追求美國式的生活方式，人類將不得不「再造一
個地球」，而這是絕無可能的。因此，中國黨和政府會根據資源環境承載能

力，堅持不懈地探索適合中國傳統文化和現代化發展要求的生產生活方式。在發展的公平性問題上，中國共產黨和政府追求實現公平正義的發展，力求發展成果更多、更好地惠及全體人民，其最終目標是在「國家好」「民族好」中保證實現「個人好」。

二、中國夢引領下的當今中國外交理念

習近平同志二〇一三年三月二十三日在莫斯科國際關係學院發表演講時表示，中國夢不僅造福中國人民，而且造福各國人民。之後，他還在其他國際場合多次闡述過中國夢與世界各國各地區人民的美好夢想緊密相連的理念。這種理念源自中國人民對歷史與未來的深刻洞悉、對包容互鑑原則的堅定恪守、對本國發展道路的充分自信、對生產生活方式的不斷優化。中國夢這些獨具特色的優良品質，決定了其內外通達性，也決定了中國內政外交理念的一致性，並最終決定了中國夢的和平屬性。

（一）**中國夢的歷史觀和世界觀決定了中國的和平發展之路。** 在國內層面，中國夢要求以連續而非割裂的視角認識歷史。在國際層面，中國夢也意味著以螺旋式前進的視角看待未來。國外有人認為，中國夢不過是要恢復昔日「天朝上國」地位，重建「朝貢秩序」而已。這顯然是對中國人歷史記憶和歷史方位意識的誤解。中國人大都認為，古代中國之所以偉大，是因為她不但有光輝燦爛的物質文化成就，而且堅守和平交往、厚往薄來、利他主義等理念。在大部分中國人的印象中，以和為貴、以德服人、兼愛非攻、道義外交是中華民族最傳統最典型的行為規範。經過千年積澱，這些理念和認識早已融為中國人共同的歷史記憶和「精神基因」。如今中國夢所嚮往的民族復興，除了富足的現代化的物質文化生活水平外，更重要的就是世界的和平和睦與和諧，就是中國與外部世界的共存共贏與共榮。因此，中國無論現在還是將來都無意走強

權擴張和武力崛起之路。事實上，在世界多極化、經濟全球化、社會信息化深入發展的今天，人類社會的整體性更加緊密，各國之間早已形成你中有我、我中有你的利益交融格局，世界上主要大國之間發生全面戰爭變得越來越不可想像。中國人對這一世界歷史趨勢有著清醒而深刻的認識，堅信沒有必要也沒有可能走武力發展之路。當今世界發展大趨勢、中國傳統文化中的「和」基因以及中國特色社會主義的先進性，共同決定了中國和平發展道路的真實性和堅定性。

（二）**中國夢的價值觀底色決定了中國倡導並踐行正確的義利觀。**中國夢追求整體價值與個體價值良性互動，追求權利與責任的對等和平衡，這與西方文明有所不同。歐洲自文藝復興、啟蒙運動時起，大力倡導個人本位主義，強調個人權責對等。但由於自由主義負有反對封建專制的歷史使命，所以後來西方社會越來越偏重權利而淡化責任，直至今天。而中國的傳統倫理價值體系強調義務，強調責任，強調自我反思，強調「己所不欲，勿施於人」。在當今世界，在權利邏輯占有壓倒性優勢的情況下，將「反求諸己」「先人後己」等責任邏輯和重義意識引入國際社會十分必要。這將有利於世界文明的均衡性和包容性成長。在當今國際關係理論與實踐中，國家權利不可侵犯得到普遍認可，但對國家責任的強調明顯不足。因此，將「權責平衡」的價值理念運用到國家關係之中大有必要。如果「國家天生負有國際責任」這一理念能夠取得與「主權不可侵犯」理念同樣的地位，世界上各國之間的關係可能比現在更為和諧，對立、衝突、戰爭的可能性將進一步減少。中共十八大報告中提到，我們根據事情本身的是非曲直決定自己的立場和政策，秉持公道，伸張正義。基於這些原則和立場，中國在同發展中國家和周邊國家發展關係時始終堅持正確的「義利觀」，即政治上堅持正義，秉持公道，道義為先，經濟上堅持互利共贏、共同發展，多予少取，先予後取。中國是這樣說的，也是這樣做的。如果這一示範效應能影響到其他國家，各國間的互利合作將會變得更為普遍，和平發展與

合作共贏的局面就會持久存在。

（三）**中國夢的制度觀決定了中國主張不同的發展理念和道路互學互鑑。**《禮記・中庸》有云：「萬物並育而不相害，道並行而不相悖。」中國特色社會主義道路的艱辛探索使中國深知被尊重和被包容的重要性。各國根據本國實際探索恰當適宜的發展道路，既有利於各國自身的發展進步，也有利於世界的和平與繁榮。但如果帶著「有色眼鏡」，惡意曲解別國發展理念，刻意為別國發展道路貼上「異類」的標籤，就會給相關國家帶來不公正的輿論壓力，阻礙各國探索符合自身國情的發展道路，這在本質上是話語霸權主義的體現。實際上，由於人類社會的整體性和社會發展規律的普遍性，不同國家的發展理念和道路總會有這樣或那樣的相融相通之處，如果摒棄截然對立和非此即彼的簡單化思維，不但有利於各國發展理念和道路的不斷完善，而且有利於全人類範圍內的互通互聯、互學互鑑。為此，中共十八大報告主張尊重世界文明多樣性、發展道路多樣化，主張尊重和維護各國人民自主選擇社會制度和發展道路的權利，倡導相互借鑑，取長補短，共同推動人類文明進步。習近平同志曾用「鞋子合腳論」形象地強調，一個國家的發展道路合不合適，只有這個國家的人民才最具有發言權。中國深知從現實生活走向理想目標需要切實可行的路徑，只有對各類路徑持開放立場才能促進發展理念和道路間的融通性、包容性和互鑑性，因此，中國尊重各國根據本國國情自主選擇發展道路的立場永遠不會改變。

（四）**中國夢的發展觀決定了中國尋求與他國實現包容性發展。**中國夢在國內尋求實現均衡、協調、可持續並體現公平正義的發展，在國際上主張追求本國利益時兼顧別國利益，尋求自身發展時兼顧別國發展。中國強調自身發展的可持續性，同時也願與世界各國一起，共同探索整個人類社會的可持續發展之路。中國強調發展的平衡性，主張各國人民共享發展成果。為此，中共十八大報告強調，「中國致力於縮小南北差距，支持發展中國家增強自主發展能

力。中國將加強同主要經濟體宏觀經濟政策協調，通過協商妥善解決經貿摩擦，中國堅持權利和義務相平衡，積極參與全球治理，推動貿易和投資自由化便利化，反對各種形式的保護主義。」習近平同志特別強調，「世界長期發展不可能建立在一批國家越來越富裕而另一批國家卻長期貧困落後的基礎上。只有各國共同發展了，世界才能更好發展。那種以鄰為壑、轉嫁危機、損人利己的做法既不道德，也難以持久。」

漢語國際推廣中華飲食文化培訓基地的法國學員

三、中國夢引領下的中國外交新徵程

在中國夢的引領下，始終貫徹和平發展理念的中國外交新徵程已經開啟。近年來的中國外交一再證明並將繼續證明，十三億多中國人民憧憬未來的美好夢想與世界各國人民追求光明前景的夢想密切相聯。中國人民在追求中國夢的過程中，必將為人類作出新的更大的貢獻，不斷為世界的發展進步注入正能量。

（一）**中國堅信中國夢與世界大國的發展願景「理念相容」，積極倡導構建新型大國關係，努力維持大國關係平衡穩定。**中國夢與所謂美國夢、歐洲夢以及俄羅斯人的「強國夢」在歷史積澱、價值理念、奮鬥目標上各具特色，但各國人民實現美好生活的願景與理想都需要和平的國際環境，都有賴於大國關係的平衡穩定。在處理大國關係問題上，中國的立場、政策和主張表現得非常理性、冷靜和務實。中國意識到並且也能夠適應大國間存在不同程度競爭關係這一客觀事實，但堅決主張並積極推動大國關係實現良性互動。習近平就任國家主席之後首訪首站選擇俄羅斯。兩國元首簽署了關於深化全面戰略協作夥伴關係的聯合聲明，同時簽署一大批被稱為「世紀合同」的合作協議，將兩國在經濟、能源、人文、地方、軍事等各領域的合作提升到新水平，國際戰略協調與合作提升到新高度，樹立了大國間互信合作的典範。中國願打破歷史上後起大國與守成大國關係調整過程中必然伴隨衝突和戰爭的「循環」，積極主動探索構建中美新型大國關係。對中美關係的重要性和複雜性，中國的認識更為全面、客觀，願拿出足夠的誠意、耐心和智慧，爭取實現中美雙方的良性競爭，通過努力擴大雙方合作面，鞏固利益交融格局。與此同時，中國願積極落實《中歐合作二〇二〇戰略規劃》，推動中歐務實合作繼續發展，不斷加強中歐雙方未來發展戰略的深度對接。

（二）**中國努力推動與周邊國家「互聯互通」，多措並舉讓命運共同體意**

識在周邊落地生根。二〇一三年以來，中國新一屆領導人的周邊外交舉措引起國際社會廣泛關注。習近平主席訪問中亞時提出共建「絲綢之路經濟帶」，訪問印尼時提出願與東盟國家共建二十一世紀「海上絲綢之路」；李克強總理訪問印度時與印共倡建設「孟中印緬經濟走廊」，訪問巴基斯坦時提出著手制定「中巴經濟走廊」遠景規劃，參加中國——東盟領導人會議時提出「2+7」合作框架。尤其是，習近平同志在周邊外交工作座談會上強調周邊外交要體現親、誠、惠、容的理念，並強調要堅持正確的義利觀，讓命運共同體意識在周邊國家落地生根。這些政策倡議和重大決策不但有力否定了「中國擴張論」等錯誤論調，再次宣示了中國走睦鄰友好、合作共贏道路的誠意，而且提出了切實可行和有說服力的實施建議，既放眼長遠又務實推進，可謂為地區合作指明了方向。只要地區國家之間堅持講信修睦，保持政策溝通，就能推動實現道路聯通、貿易暢通和貨幣流通，就能通過合作共贏最終建成利益相連、民心相通的命運共同體。

（三）**中國大力鞏固與發展中國家的「相互借重」，以正確義利觀指導與發展中國家的務實合作。**中國人民與廣大發展中國家人民有著相似的歷史經歷，在爭取民族獨立和社會解放的過程中相互支持，結下了深厚友誼。中國將繼承和發揚與發展中國家的傳統友誼，以正確義利觀為指導，加強相互間的團結合作，共同維護發展中國家在國際事務中的代表性和發言權，永遠做發展中國家的可靠朋友和真誠夥伴。習近平主席訪問非洲期間提出對非合作的「真、實、親、誠」四字箴言，強調中非合作的互利共贏性質，宣布了一系列支持非洲的新措施，簽署了四十多個合作文件，其中包括一批有利於非洲國計民生的大項目。之後，習近平同志訪問拉美三國，共簽署二十四項合作文件，宣布了支持加勒比國家經濟和社會發展的一系列新舉措，受到有關國家的歡迎。中國與發展中國家開展務實合作重在充分發揮各自比較優勢，對發展中國家援助不附帶任何政治條件，願幫助廣大發展中國家不斷提升產業層級，不斷優化發展

中國第三支維和警察防暴隊在海地巡邏。

方式。所謂中國在發展中國家搞「新殖民主義」的論調，已經被無數事實證明是毫無根據的。中國與發展中國家在未來發展中必將進一步增進團結，相互借重，攜手前行。

（四）中國致力於為人類發展作出更多更大貢獻，努力為世界的和平發展注入正能量。作為聯合國安理會常任理事國，中國時刻銘記自己所擔負的國際責任，已經並且仍在為當今世界的和平與發展，為人類社會的合作與共贏作出積極努力。今後，中國將隨著自身實力和影響力的不斷上升，更全面更積極更

富創造性地參與解決各類國際和地區問題，堅持做世界和平與穩定的維護者與締造者，做人類發展與進步的推動者和建設者。近年來，中國在國際金融體系改革、全球氣候變化、伊朗核問題、敘利亞局勢、朝鮮半島局勢、阿富汗和平重建進程等問題上堅定維護國際關係基本準則，維護公平正義，為推動構建公正合理的國際政治經濟秩序發揮了積極作用，在世界上贏得了廣泛的尊重和讚譽。中國強調大國責任，強調國家間政策協調，強調全球治理措施的綜合性，強調國際制度間的開放性和包容性，得到了日益廣泛的理解和支持。無論今後國際形勢如何複雜多變，中國都將一如既往地繼續扮演人類進步事業貢獻者的角色，都將與世界各國人民共同努力，最大程度地預防衝突與戰爭，最大程度地謀求公平與正義，最大程度地推動進步與發展，鍥而不捨地為營造持久和平、共同繁榮的和諧世界注入來自偉大中國的正能量。

作者余洪君，中共中央對外聯絡部副部長兼當代世界研究中心理事會主席。

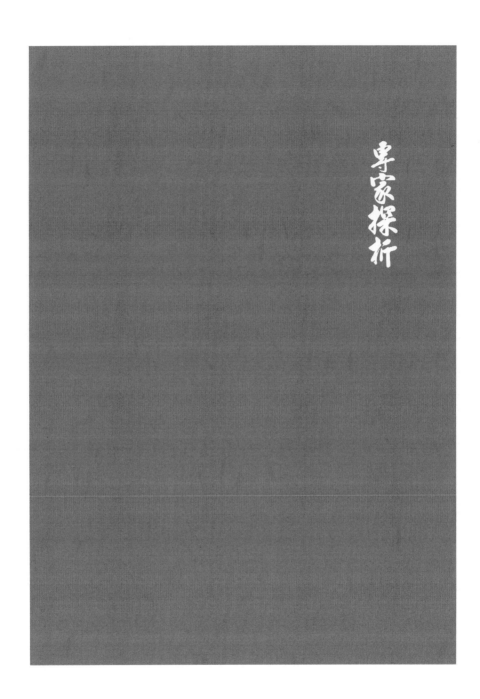

專家探析

習近平的九個外交新概念

葉自成

　　習近平在中國共產黨十八大之後，多次代表中國參加重大國際會議，對多國進行了重大國事訪問，就中國的外交和國際關係的重大問題發表多次重要講話，提出了許多新的思想和新的理念。本文作者初步將這些外交新理念整理為九個，人們可以從中一窺中國外交的新變化和新動向。

一、時代主題 3.0 版本：和平、發展、合作、共贏成為時代潮流

　　時代主題歷來是中國共產黨領導人首先要涉及的話題。黨的十八大報告仍然將和平與發展定為時代主題，但已經提出了高舉和平發展合作共贏旗幟的觀點。習近平在繼承鄧小平、江澤民、胡錦濤的和平發展、和平發展合作的思想基礎上，認為和平發展合作共贏已經成為一種時代潮流。在二〇一三年三月訪問俄羅斯和出席金磚國家領導人會晤時，習近平指出，金磚國家的合作是順應了「和平發展合作共贏的時代潮流」。在三月的莫斯科國際關係學院的講演和四月的博鰲論壇上，習近平進一步明確係統地指出，當前國際形勢繼續發生深刻複雜變化，「遍布全球的眾多發展中國家，幾十億人口正在努力走向現代化，和平、發展、合作、共贏的時代潮流更加強勁」。如果說鄧小平的和平發展是 1.0 版本，胡錦濤的和平發展合作是 2.0 版本，那麼習近平的和平發展合作共贏就是中國時代主題觀的 3.0 版本。這一新的時代主題觀的新的內容包括：

　　1. 和平是各國福祉的基礎。習近平指出：「和平是人民的永恆期望。和平

猶如空氣和陽光，受益而不覺，失之則難存。沒有和平，發展就無從談起。國家無論大小、強弱、貧富，都應該做和平的維護者和促進者，不能這邊搭台、那邊拆台，而應該相互補台、好戲連台。國際社會應該倡導綜合安全、共同安全、合作安全的理念，使我們的地球村成為共謀發展的大舞台，而不是相互角力的競技場，更不能為一己之私把一個地區乃至世界搞亂。」李克強也指出：「東亞這些年取得長足發展和進步，成為世界經濟增長的主要推動力量，最根本的原因是東亞沒有發生戰亂，使本地區國家能夠專注於發展。各國應繼續牢牢把握和平發展、互利合作的大方向，把發展經濟、改善民生放在優先地位，使東亞合作始終走在健康發展軌道上。」

2. **發展是大趨勢。**世界上的大多數國家、大多數人民已經走在加速發展的道路上，「一大批新興市場國家和發展中國家走上發展的快車道，十幾億、幾十億人口正在加速走向現代化，多個發展中心在世界各地區逐漸形成，國際力量對比繼續朝著有利於世界和平與發展的方向發展」，發展已經成為國際社會的大趨勢。經過三十多年的改革開放，中國經濟社會發展取得巨大成就，人民生活水平顯著提高。這既有利於中國，也有利於世界。

3. **對抗無出路，合作是正道。**對抗與獨霸世界現象已經成為歷史，「舊的殖民體系土崩瓦解，冷戰時期的集團對抗不復存在，任何國家或國家集團都再也無法單獨主宰世界事務」，「這個世界，人類依然面臨諸多難題和挑戰，國際金融危機深層次影響繼續顯現，形形色色的保護主義明顯升溫，地區熱點此起彼伏，霸權主義、強權政治和新干涉主義有所上升，軍備競爭、恐怖主義、網絡安全等傳統安全威脅和非傳統安全威脅相互交織，維護世界和平、促進共同發展依然任重道遠」，國際社會只能走合作的道路。

4. **共贏是目標。**經濟全球化的大趨勢不可阻擋，「各國相互聯繫、相互依存的程度空前加深，人類生活在同一個地球村裡，生活在歷史和現實交匯的同

二〇一一年七月二十七日，北京，為加強中美反壟斷領域合作，中國三家反壟斷執法機構——國家發展和改革委員會、商務部和國家工商總局與美國反托拉斯執法機構司法部、聯邦貿易委員會共同簽署了《中美反托拉斯和反壟斷合作諒解備忘录》。

一個時空裡，越來越成為你中有我、我中有你的命運共同體」，人類社會只能走共贏的道路。

　　因此，和平發展不僅是中國正在走的道路，也應該成為世界各國的選擇。習近平多次呼籲世界各國共同和平發展、合作共贏。

二、建立以合作共贏為核心的新型國際關係

　　中國外交在國際秩序的觀念上，經歷了批判和反對舊的國際秩序、建立更加公正合理的國際政治經濟新秩序、堅決維護和遵守國際秩序的變化。習近平一方面繼承了這些思想，提出要推動國際秩序朝著更加公正合理的方向發展，

為世界和平穩定提供製度保障；另一方面，習近平面對國際形勢的深刻變化和世界各國同舟共濟的客觀要求，在新形勢下提出了新的理念，這就是「各國應該共同推動建立以合作共贏為核心的新型國際關係」。

和過去相比，這一新理念包括原來的建立新的國際政治經濟新秩序，但又超出國際政治經濟秩序的範圍，內涵更加豐富，包括了文化和社會發展的新內容；過去中國強調的國際秩序的核心主要是和平共處五項原則，現在的國際關係的核心是合作共贏。

新型的國際關係的內容主要包括「五個共同」：

1. **共同享受尊嚴**。國際社會「要堅持國家不分大小、強弱、貧富一律平等，尊重各國人民自主選擇發展道路的權利，反對幹涉別國內政，維護國際公平正義。『鞋子合不合腳，自己穿了才知道。』一個國家的發展道路合不合適，只有這個國家的人民才最有發言權」。

2. **共同享受發展成果**。各國都要「努力發展經濟、改善民生，做好自己的事情，為世界經濟多添一些增長點」，但「每個國家在謀求自身發展的同時，要積極促進其他各國共同發展。世界長期發展不可能建立在一批國家越來越富裕而另一批國家卻長期貧窮落後的基礎之上。只有各國共同發展了，世界才能更好發展。那種以鄰為壑、轉嫁危機、損人利己的做法既不道德，也難以持久」，要推動各國加強宏觀經濟政策協調，改革國際貨幣金融體系，推動貿易和投資自由化便利化，促進全球經濟更加強勁發展。

3. **共同享受安全保障**。「各國要同心協力，妥善應對各種問題和挑戰。越是面臨全球性挑戰，越要合作應對，共同變壓力為動力、化危機為生機。面對錯綜複雜的國際安全威脅，單打獨鬥不行，迷信武力更不行，合作安全、集體安全、共同安全才是解決問題的正確選擇。」

4. 共同努力的途徑。「隨著世界多極化、經濟全球化深入發展和文化多樣化、社會信息化持續推進，今天的人類比以往任何時候都更有條件朝和平與發展的目標邁進，而合作共贏就是實現這一目標的現實途徑。」

5. 共同遵守的規則。「不管國際格局如何變化，我們都要始終堅持平等民主、兼容並蓄，尊重各國自主選擇社會制度和發展道路的權利，尊重文明多樣性，做到國家不分大小、強弱、貧富都是國際社會的平等成員」，「世界的命運必須由各國人民共同掌握。各國主權範圍內的事情只能由本國政府和人民去管，世界上的事情只能由各國政府和人民共同商量來辦。這是處理國際事務的民主原則，國際社會應該共同遵守」。

因此，不管國際風雲如何變幻，我們都要始終堅持和平發展、合作共贏，要和平不要戰爭，要合作不要對抗，在追求本國利益時兼顧別國合理關切。

三、人類命運共同體

二〇一一年《中國的和平發展》白皮書首次提出「命運共同體」的新概念。十八大報告強調，人類只有一個地球，各國共處一個世界，要倡導「人類命運共同體」意識。習近平就任總書記後首次會見外國人士就表示，國際社會日益成為一個你中有我、我中有你的「命運共同體」，面對世界經濟的複雜形勢和全球性問題，任何國家都不可能獨善其身。二〇一三年四月，習近平在博鰲論壇上進一步闡述指出，「人類只有一個地球，各國共處一個世界。共同發展是持續發展的重要基礎，符合各國人民長遠利益和根本利益。我們生活在同一個地球村，應該牢固樹立命運共同體意識，順應時代潮流，把握正確方向，堅持同舟共濟，推動亞洲和世界發展不斷邁上新台階。」命運共同體是中國外交的一個全新概念。

命運共同體當然是指全人類全世界的範圍，但習近平首先運用到亞洲，認為中國——東盟命運共同體、東盟共同體、東亞共同體息息相關，應發揮各自優勢，實現多元共生、包容共進，共同造福於本地區人民和世界各國人民，「上海合作組織成立十二年來，成員國結成緊密的命運共同體和利益共同體」。

　　所謂命運共同體，包括以下內容：

　　1.**歷史命運共同體**。這是指東盟和東亞各國在歷史發展進程中，尤其是自近代以來，都曾經共同遭受西方列強的侵略和壓迫，都曾經共同抗擊日本對東亞各國的侵略和壓迫，都通過自己的努力爭得了民族獨立和解放。因此，中國和東盟各國、東亞各國有著共同的歷史命運。近年來，從應對亞洲金融危機到應對國際金融危機，從抗擊印度洋海嘯到抗擊中國汶川特大地震災害，我們各國人民肩並著肩、手挽著手，形成了強大合力。

第六十七屆聯合國大會現場

2. **發展共同體**。在發展本國的社會經濟方面，東亞各國面臨相同的任務，各國的發展都離不開東亞的社會經濟的總的形勢和環境，都離不開域內國家的相互影響和相互支持。各國都應該尊重彼此自主選擇社會制度和發展道路的權利，尊重各自推動經濟社會發展、改善人民生活的探索和實踐，堅定對對方戰略走向的信心，在對方重大關切問題上相互支持，牢牢把握中國——東盟戰略合作的大方向。

3. **利益共同體**。中國的發展離不開東亞各國，中國的發展也為東亞各國的發展提供更多的機會。中國願在平等互利的基礎上，擴大對東盟國家開放，使自身發展更好惠及東盟國家。中國願提高中國——東盟自由貿易區水平，爭取使二〇二〇年雙方貿易額達到 1 萬億美元。中國的發展不僅是中國一國的發展，也會大力促進亞洲和世界發展繁榮。新世紀以來，中國同周邊國家貿易額由一千多億美元增至一點三萬億美元，已成為眾多周邊國家的最大貿易夥伴、最大出口市場、重要投資來源地。中國同亞洲和世界的利益融合達到前所未有的廣度和深度。當前和今後一個時期，中國經濟將繼續保持健康發展勢頭，國內需求特別是消費需求將持續擴大，對外投資也將大幅增加。據測算，從二〇一三年算起的五年之間，中國將進口十萬億美元左右的商品，對外投資規模將達到五千億美元，出境旅遊有可能超過四億人次。中國越發展，越能給亞洲和世界帶來發展機遇。

4. **基礎設施共同體**。東亞各國應採取更多的措施促進互聯互通建設，使東亞的經濟社會的基礎設施相互聯通，更加便利各國的經濟社會發展。中國倡議籌建亞洲基礎設施投資銀行，願支持本地區發展中國家包括東盟國家開展基礎設施互聯互通建設。

四、新型國家利益觀

習近平高度重視國家利益，在爭取、維護、發展中國國家利益的外交實踐中，形成了新的國家利益觀。這一新型的國家利益觀與流行的國家利益觀的最大的不同，就是它不僅是現實主義的，也是理想主義的，是現實主義與理想主義的結合；把義與利結合，它不僅考慮本國利益，也考慮他國的利益，主張在維護爭取本國利益時也兼顧他國利益，把本國利益與他國利益結合。

習近平要求中國外交處理國家利益時，「一定要堅持正確義利觀。只有堅持正確義利觀，才能把工做作好、做到人的心裡去」。從正確義利觀出發來處理國家利益，正是習近平提出的新型國家利益觀的根源，也是習近平把中國傳統文化的精華運用於中國外交實踐的一個典型。

正如外交部長王毅指出的那樣，正確對待和處理「義」與「利」的關係，重視道義與責任，是中國優秀傳統文化的重要內容，也是新中國外交的一個鮮明特色。中國傳統文化一向強調正確處理「義」和「利」的關係，突出「義」的價值。

那麼，什麼是傳統義利觀的精華？在利益和道義面前，孔子提出了「見利思義」的觀點，主張要正確處理義與利的關係。義就是指本著做人的根本道德行事，利就是指具體的利益（聲名利祿等）。孔子不是不要利，而是非常在乎利、重視利。是否要利、得利的關鍵，就在於是否合乎義的要求，就是說，要看利的正當性。君子可以為義而捨利，但如果義利兼得，又何樂而不為？荀子認為求利是人的本性，無可厚非，但應當以禮義節制求利的慾望，先義後利者榮，反對唯利之求。

習近平提出的正確義利觀指導下的新型國家利益觀包括：

1. **正確對待義與利的關係。**習近平提出正確義利觀的題中之義，就是反對不正確的義利觀，就是反對義與利的極端。義利觀上的兩種極端，一種是見利棄義、見利忘義，只顧利益，不講道義；另一種是動輒棄利取義，唱高調。這兩種都是極端的義利觀，都要反對。正確對待義與利的另一方面的問題，是辨別義與利的不同類型。義有大義有小義，有道義、正義，也有情義；利有大利有小利，有長利有短利，有遠利有近利，有可舍可棄之利，也有不可舍不可棄之利，不能一概而論。總之，義與利之間是一種平衡關係，有各種複雜的情況，需要人們根據具體的情況具體處理，孔子倡導的中庸之道才是最好的處理之道。至於棄利取義，殺身成仁等傳統的儒家觀念，就個人層面上說不但無可厚非，反而是君子個人修身的高尚境界，但在國家層面上，現代社會中任何政府都無權無資格放棄國家利益，尤其不能放棄國家核心利益和重大利益。棄利取義或棄義取利都只是一種極端和非常行為，只能是在特殊條件、特殊情況下偶一為之的選擇，非常態性的選擇。

2. **堅定不移地維護爭取擴大中國的核心利益和重大利益，任何時候不拿中國的主權、尊嚴、統一作交換。**習近平就任總書記後，在涉及台灣問題、釣魚島問題、香港問題、西藏問題、新疆問題、南海問題等中國的核心利益和重大利益問題上，都採取了堅決果斷的措施。

如習近平在談到南海問題時指出，「要維護國家海洋權益，著力推動海洋維權向統籌兼顧型轉變。我們愛好和平，堅持走和平發展道路，但決不能放棄正當權益，更不能犧牲國家核心利益。」習近平強調，「任何外國不要指望我們會拿自己的核心利益做交易，不要指望我們會吞下損害我國主權、安全、發展利益的苦果。」

3. **共同發展是世界各國和各國人民共同的大利益。**習近平把孔子的義利觀用於指導中國的外交實踐，並結合時代發展的特點指出：義，反映的是中國人

二〇一〇年一月十五日，海地太子港，來自中國的救援隊在聯合國駐海地穩定特派團總部大樓廢墟中進行搜救。

的一個理念，共產黨人、社會主義國家的理念。這個世界上一部分人過得很好，一部分人過得很不好，不是個好現象。真正的快樂幸福是大家共同快樂、共同幸福。中國希望全世界共同發展，特別是希望廣大發展中國家加快發展。因此，不僅中國要和平發展，習近平也希望世界各國共同和平發展，「一花獨放不是春，百花齊放春滿園」。世界各國聯繫緊密、利益交融，要互通有無、優勢互補，在謀求自身發展中促進各國共同發展，不斷擴大共同利益匯合點。

　　4. 利是共贏之利。習近平指出，「利，就是要恪守互利共贏原則，不搞我贏你輸，要實現雙贏。」「合作共贏」作為習近平倡導的新型國際秩序觀的核心，當然也體現在國家利益上。只有合乎義的利才能是共贏的，共贏的利一定是合乎義的，共贏就是義與利的結合，是義與利的平衡。共贏是大家都可得到

的國家利益，是共同的國家利益。這就要「遵守國際關係基本原則，反對霸權主義和強權政治，反對為一己之私損害他人利益、破壞地區和平穩定」。所謂不合義的利，要麼是損人不利己，要麼是損人利己。如美國發動的伊拉克戰爭，名義上為了國際社會的道義、正義、民主、人權，實際上既破壞了伊拉克和地區的秩序和穩定，違反聯合國憲章，給伊拉克人民帶來重大災難，也損害了美國的軟實力，給美國人民帶來災難，是典型的損人不利己；而美國對各國領導人和平民進行的大規模的監聽和信息竊取，不經主權國家同意擅自越境抓捕毒犯，使用無人機對恐怖分子進行打擊等，又是典型的損人利己，這些都是違反合作共贏精神的。

5. 中國既堅持國際正義，也講友好國家情義。習近平指出，中國在國際政治上「要秉持公道正義」，根據事情的是非曲直進行處理。這裡的正義，就是國際法，就是公認的國際準則，就是聯合國憲章的基本原則。比如，在伊拉克戰爭上，中國就是堅持國際正義，反對不經安理會授權的戰爭；堅持和平正義，反對經常使用武力或武力威脅；堅持司法正義，反對不經確切的證據證明就給伊拉克加上核生化擴散、與基地組織勾結等罪名。而在習近平首次出訪非洲的活動中，習近平用「真、實、親、誠」來概括中國對非政策，就是從中國與非洲國家的友好情義上來講的，得到了非洲國家的高度評價。

6. 平等但有區別的義利觀。習近平多次指出，平等互利，是對待所有國家的公認的國際準則。但實際上，在處理與不同國家的利益方面，是存在差異的。在與發達國家關係上，中國側重於堅持利益對等、平等、互惠互利；對周邊國家和發展中國家，除了利益對等原則之外，還必須盡中國的義務，給予一定的單方面優惠和照顧；而對那些「貧窮的國家」，尤其是那些「長期對華友好而自身發展任務艱巨的周邊和發展中國家，要更多考慮對方利益，不要損人利己、以鄰為壑」，「絕不能惟利是圖、斤斤計較」。

7.「力所能及」原則。無論是維護國際正義，還是援助別的國家，都有一個能力和願望的平衡問題，要避免「不及」，也要避免「過」。「不及」就是惟利是圖、斤斤計較，該援助時不援助；「過」就是打腫臉充胖子，以損害本國利益來追求虛名虛利。在「過」與「不及」之間的舉動就是義，即宜、適宜，在適當的時候採取適當的行動。習近平指出，中國「有義務對貧窮的國家給予力所能及的幫助」。中國在自身經濟十分困難的情況下，仍然堅持向亞非拉廣大第三世界國家提供力所能及的幫助，支持其反抗壓迫、爭取獨立與解放的民族大義，維護其發展經濟、改善民生的整體利益。中國向亞非拉國家派遣援外醫療隊，迄今已向亞非拉六十六個國家和地區派出醫療隊員二點三萬人次，累計診治患者二點七億人次，得到受援國人民的普遍讚譽。截至二〇一一年底，中國為發展中國家培訓了超過十四萬名各類人才，幫助受援國建成了二千二百多個與其人民生產生活息息相關的各類項目，有力促進了發展中國家的經濟社會發展。醫療隊、民生設施、培訓等，這些對中國來說都是力所能及的。但有一個時期，中國外交也有「過」之舉，就是對外援助的力度超過了中國的國力。比如，坦贊鐵路的修建，對阿爾巴尼亞的援助等。中國對外援助經費最高時曾占到中國 GDP 的 6%—7%，而當時中國國民經濟實際上非常困難。發達西方國家很少有實現 1%的對外援助的（只有少數北歐國家除外）。

這也同樣適用於中國堅持和維護國際道義及國際正義。比如，美國發動伊拉克戰爭，是不正義的，是非法的，中國作為大國，有維護聯合國權威的義務，有維護國際法的義務。反對美國發動這場戰爭是正義的，但中國在當時沒有力量阻止美國發動這場戰爭，中國在這個情況下的「義」就是在安理會反對通過動武的議案，就是在輿論上反對這場戰爭，這是中國力所能及的。而在越南侵略柬埔寨時，中國的力所能及，就不僅是在輿論上批判，在政治上反對，而且在軍事上積極支持柬埔寨各方反擊越南的侵略。因此，力所能及需要平衡義與利的各種情況，需要很大的智慧和勇氣。

8. 在追求本國利益時兼顧他國合理關切。每個國家的外交都把最大限度地爭取本國的國家利益放在第一位，在當前的國際關係中這是天經地義的。尤其是在西方占主流的現實主義學派中，國家利益更是一個壓倒一切的基本概念，只要是為了本國的國家利益，或者只要打著為了本國的國家利益的旗號，什麼都可以做，武力侵略、經濟封鎖和制裁、對可能的威脅國發動先發制人的戰爭、監聽他國領導人的電話和竊取他國的信息，都被他們認為是無可厚非的；即使犯了錯誤，甚至做了壞事，也都是情有可原的。正是在這種國家利益觀的引導下，國際社會出現了許多亂象，也是導致國際社會不安定的主要根源。

中國也在竭力維護本國的國家利益，但在這一過程中，必須關切他國的利益和他國的感受。尤其要照顧對方核心關切，妥善處理兩國間存在的問題和分歧。中國在邊界問題上的立場就是如此。比如，在解決中巴、中尼、中緬邊界問題時，周恩來總理就特別關注跨界民族的問題，關注兩國歷史上的條約和協定的效力，關注兩國歷史疆界的變遷等具體情況。在中俄劃界中，中國也充分關照了俄羅斯的具體的合理的利益。

五、中國新安全觀：綜合安全、共同安全、合作安全

改革開放以來，尤其是進入二十一世紀以來，中國一直在探索中國的安全觀。二〇〇二年七月三十一日，參加東盟地區論壇外長會議的中國代表團向大會提交了《中方關於新安全觀的立場文件》，將中國新安全觀的核心內容表述為：互信、互利、平等、協作。互信，是指超越意識形態和社會制度異同，摒棄冷戰思維和強權政治心態，互不猜疑，互不敵視。互利，是指順應全球化時代社會發展的客觀要求，互相尊重對方的安全利益，在實現自身安全利益的同時，為對方安全創造條件，實現共同安全。平等，是指國家無論大小、強弱、貧富都是國際社會的一員，應平等相待，不干涉別國內政，推動國際關係的民

主化。發達國家應該為全球共同安全、消除衝突根源承擔更多的責任。協作，是指以和平談判的方式解決爭端，經常就各自安全防務政策以及重大行動展開對話與相互通報，並就共同關心的安全問題進行廣泛深入的合作，消除隱患，防止激烈衝突的發生。其實質是「超越單方面安全範疇，以互利合作尋求共同安全」。

此後，中國的安全觀一直在不斷豐富和發展。二〇一一年中國國務院新聞辦公室發表的《中國的和平發展》白皮書指出，「中國倡導互信、互利、平等、協作的新安全觀，尋求實現綜合安全、共同安全、合作安全。」

習近平在十八大後的多次講話中，再次為中國的新安全觀增加了新的內容。習近平指出，「我們應該摒棄冷戰思維，積極倡導綜合安全、共同安全、合作安全的新理念，共同維護本地區和平穩定。我們應該深化在防災救災、網絡安全、打擊跨國犯罪、聯合執法等方面的合作，為本地區人民營造更加和平、更加安寧、更加溫馨的地區家園。」

中國的新安全觀，雖然從不少內容來看，與歐洲國家和聯合國倡導的新安全觀有許多共同之處，並不都是中國獨創，但中國的新安全觀與西方國家尤其是與美國主導的新安全觀仍然有許多重大的不同。

在摒棄冷戰思維方面，美國的安全觀表現出相當濃重的冷戰思維色彩，它首先表現為美國傾向於動用武力解決安全問題；而中國的安全觀強調去冷戰思維，強調的是以平等合作而不是實力對抗解決問題，就是以和平談判的方式解決爭端，並就共同關心的安全問題進行廣泛深入的合作。這種合作是多渠道的，包括多邊安全機制、多邊安全對話、雙邊安全磋商、非官方安全對話等。新安全觀所提出的「合作安全」模式，與「和平共處」相比，不但在觀念上有更明確的闡述，而且具有制度化、規範化的形式；與結盟相比，它不針對某個具體敵人，也沒有嚴格的盟約限制。合作安全就是多邊合作，取代以勢力均衡

為基礎的冷戰安全觀。

西方和美國的新安全觀強調個人安全、人權安全，強調超越國家主權以保護人權。而習近平強調的中國新安全觀，贊成在聯合國授權下採取人道保護措施以保障人民個人的生命安全，但與此同時，習近平的講話尤其強調這些安全措施的結果必須是有利於人民的，就是為本地區人民營造更加和平、更加安寧、更加溫馨的地區家園。這也體現了中國領導人不僅在國內政治中貫徹以人為本、以民為本，而且在國際關係中也貫徹這種思想，使中國的新安全觀超越了單純的國與國安全關係，開始真正形成一種涵蓋國家與人民綜合安全利益的新安全觀。

雖然西方和美國的安全觀也強調集體安全，但在冷戰思維影響下，我們看到美國在伊拉克、利比亞等事件和斯諾登等事件中表現出來的單邊安全、絕對安全、少數國家安全、結盟安全等，因此中國強調的共同安全就顯得格外有意義。

同樣，美國安全觀也有合作觀念，但美國在冷戰思維影響下，其安全觀又表現出追求一國絕對安全、先發制人、繞過聯合國等現象，在安全合作中很少表現出夥伴精神，總是要當老大，當領導，搞霸權，搞特權。當事情不合美國口味時，美國就搞單干或拉一幫小夥伴搞小集團。而中國強調的合作安全觀，首先是強調聯合國成員國之間的合作，強調發揮安理會的作用。其次，中國的安全合作是平等協商，安全合作中的國家都是平等的夥伴，地區的事情由地區國家協商處理，全球的事務由全球的國家協商解決。最後，即使是在中國的家門口，在西方思維中理所當然的勢力範圍之內，中國也表示：在中亞，中國不謀求地區事務主導權，不經營勢力範圍；在東南亞，中國支持東盟在區域內事務中的主導地位。

因此，從國際角度看，習近平表述的中國的新安全觀，體現了新時期中國

領導人根據變化的形勢重新定義安全的努力，也是中國對人類安全概念的貢獻。

六、以民為本的新國際觀

以民為本是中國傳統文化的精髓，體現為老子所說的「聖人無常心，以百姓之心為心」，「不知有之」「親而譽之」的善治，及以百姓的態度為最高和最後的政治評價標準；孔子使民「富庶教」的思想，把「博施於民而能濟眾」作為治理國家賢治境界的思想。儒家的觀念是「得民心者得天下」。賈誼首先把以民為本的思想用於漢匈關係中，提出了「爭其民」和「德戰」的觀點。用現代眼光來看，這實質上就是一種公共外交在當時的表現，目的在於爭取匈奴民眾對漢朝的認同和理解。

習主席就任後的歷次講話中，「人民」都是一個突出的關鍵詞，充分體現了中國傳統的以民為本的價值觀念，也是將民本思想與中國特色社會主義的直接的對接。習主席強調「人民對美好生活的嚮往，就是我們的奮鬥目標」，「始終植根人民、造福人民，始終保持黨同人民群眾的血肉聯繫，始終與人民心連心、同呼吸、共命運」，「要隨時隨刻傾聽人民呼聲、回應人民期待，保證人民平等參與、平等發展權利，維護社會公平正義，在學有所教、老有所得、病有所醫、老有所養、住有所居上持續取得新進展，不斷實現好、維護好、發展好最廣大人民根本利益」，「中國共產黨在中國執政，就是要帶領人民把國家建設得更好，讓人民生活得更好，更好為人民服務」，「人民把我放在這樣的工作崗位上，就要始終把人民放在心中最高的位置」，「中國夢首先是十三億中國人民的共同夢想」。

習近平在其對外交往中，也把這個以民為本的思想變成中國外交思想的重

要組成部分，不僅強調國與國的關係，也非常突出「人民」的地位。在他強調的合作共贏的新型國際關係中指出的「五個共同」，都是以「各國和各國人民」作為主語，把各國人民和各國政府放在同等位置上，並且強調中國與各國的交往，都要把實現各國人民的利益作為一個目標，如指出金磚國家進行合作的目的，就是要使金磚國家的三十億人都過上好日子，全面實現人民對美好生活的嚮往……習近平指出，讓世界上每一個國家都有和平穩定的社會環境，讓每一個國家的人民都能安居樂業，是我們的共同願望；要積極創造更多合作機遇，提高合作水平，讓發展成果更好惠及各國人民，為促進世界經濟增長多作貢獻。

在上海合作組織的峰會上，習近平又提出，上海合作組織要辦好三件實事，即《上海合作組織中期發展戰略規劃》所確定的維護安全、發展經濟、改善民生的任務，造福成員國人民。為爭取外國民眾對中國的了解和對中國外交政策的認同，習近平在訪問中亞國家時提出了加強民心相通的措施，指出國之交在於民相親，國家間的合作，必須得到各國人民支持，必須加強人民友好往來，增進相互了解和傳統友誼。為促進上海合作組織框架內青年交流，習近平代表中國政府表示，將在未來十年向上海合作組織成員國提供三萬個政府獎學金名額，邀請1萬名孔子學院師生赴華研修和學習交流。

習近平也高度重視中國與各國的民間人員的往來交流，在談到中國和東盟國家人員往來達一千五百萬人次，每週有一千多個航班往返於中國和東盟國家之間時指出，交往多了，感情深了，心與心才能貼得更近。他還表示，中國要促進青年、智庫、議會、非政府組織、社會團體等的友好交流，向東盟派出更多志願者，支持東盟國家文化、教育、衛生、醫療等領域事業發展，中國將向東盟國家提供一點五萬個政府獎學金名額。

在和印度總理辛格會晤時，習近平也強調，不僅要增加國家政府間的交流

和溝通，更重要的是中印關係的發展要得民心，雙方要加強人文交流，為雙邊關係持續發展奠定更加堅實的社會基礎，讓中印友好合作更加深入民心。

在周邊外交工作會議上，習近平又強調要把中國夢同周邊各國人民過上美好生活的願望、同地區發展前景對接起來，讓命運共同體意識在周邊國家落地生根。

七、金磚國家一體化發展

誰在推動和平發展合作共贏潮流的發展？誰在推動合作共贏的新型國際關係的發展？習近平明確地回答：是新興市場國家和發展中國家，而其代表又是金磚國家。因此，如何推動金磚國家的合作與發展，在過去的時期中並不突出，但現在越來越成為中國外交關注的重大的戰略問題。對此，習近平明確地提出，當前，包括金磚國家在內的一大批新興市場國家和發展中國家經濟快速發展，成為維護世界和平、促進共同發展的重要力量，並在應對國際金融危機、推動全球經濟增長方面發揮了重要作用。為適應這種形勢的變化，金磚國家必須加強合作，具體的途徑就是加快金磚國家的一體化發展。這一概念包含的具體內容是：

1. **金磚國家在「全球經濟治理體系」的一體化立場。**全球經濟治理體系「必須反映世界經濟格局的深刻變化，增加新興市場國家和發展中國家的代表性和發言權」，尤其是增加了金磚國家在國際貨幣基金組織和世界銀行的份額；其次，金磚國家在二十國集團中也起著重要作用，推動全球經濟治理體系的變革朝著正確方向邁出重要步伐，使之更完善、更符合世界生產力發展要求、更有利於世界各國共同發展。金磚國家合作有利於促進世界經濟更加平衡、全球經濟治理更加完善、國際關係更加民主。

2. 金磚國家要加強中俄、中非、中印、中巴等雙邊關係的一體化發展。在中俄合作方面，中俄兩國的經貿合作要在規模和水平上不斷取得新突破，促進兩國更好實現持續發展，有利於兩國增強適應經濟全球化深入發展新形勢、抵禦國際經濟風險的能力。中非關係方面，中國在致力於自身發展的同時，要為非洲和平與發展提供力所能及的幫助，在國際事務中為非洲國家說話。中非合作帶動了非洲國際地位的提高，並推動國際社會加大對非關注和投入。中非合作是全方位合作，要抓緊落實中非合作論壇第五屆部長級會議成果，推動雙方關係全面均衡向前發展，造福中非人民。中印關係則要從五個方面推進一體化合作水平，一是要保持戰略溝通，把握好雙邊關係發展的大方向；二是要發揮互補優勢，在基礎設施建設、相互投資等領域拓展互利合作；三是要加強文化紐帶，增進兩國人民相互了解和友誼；四是要擴大在多邊領域的協調和配合，

二〇一二年三月二十九日，印度新德里，出席金磚國家領導人第四次會晤的五國領導人合影。

共同維護發展中國家正當權益，共同應對全球性問題；五是要照顧對方核心關切，妥善處理兩國間存在的問題和分歧。

3. 金磚國家五國的一體化發展。 一體化和共同繁榮、互利共贏既是金磚國家的發展目標，也是金磚國家同非洲國家合作的重要方向。我們要用夥伴關係把金磚各國緊密聯繫起來，下大氣力推進經貿、金融、基礎設施建設、人員往來等領域合作，朝著一體化大市場、多層次大流通、陸海空大聯通、文化大交流的目標前進，要共同支持非洲在謀求強勁增長、加快一體化、實現工業化方面作出的努力，促進非洲經濟成為世界經濟的新亮點。

八、上海精神：區域合作組織的中國觀念

上海合作組織是中國外交的一個重要組成部分，也是第一個以中國城市命名的區域性國際組織，自建立以來，在維護區域內的安全和促進地區的經濟發展合作方面發揮了重大作用。

中國與上合組織五個成員國一道提出了「上海精神」的概念，並把它歸納為「互信、互利、平等、協商、尊重多樣文明、謀求共同發展」，這既是對上合組織歷史的總結，也是對上合組織未來發展的一種期盼。

上海精神是對上合組織的互信互利平等協商的新安全觀的發展，它不僅包括了過去人們所說的新安全觀，也是新發展觀、新文明觀、新合作觀。

互信是上海精神新安全觀的核心。 上合各成員國在維護主權、安全、各自選擇的發展道路及反對形形色色的干涉主義時都表現出相互信任的精神。本著這種精神，成員國達成了許多邊界管理、聯合軍事演習、聯合反恐等重大行動。正如習近平指出的，成員國要繼續堅定支持彼此維護國家安全和社會穩定

的努力，加大打擊「三股勢力」和毒品犯罪力度。值得注意的是，當前，尤其要在反對地區恐怖主義和毒品犯罪相互勾結方面，作出更大努力。

　　平等和協商是上海精神的新合作觀。上合組織有中俄兩個大國，也有哈薩克斯坦和烏茲別克斯坦這樣的中等國家，也有吉爾吉斯斯坦和塔吉克斯坦這樣的小國，但上合組織的發展得益於成員國之間平等和協商的合作。上合組織成員遵循以合作謀和平、以合作促發展、以合作化爭端的理念，堅持結伴不結盟，在涉及成員國核心利益的問題上加強磋商和溝通，就重大國際和地區問題加強協調和配合，維護好成員國和發展中國家共同利益。十多年來，從元首會議、總理會議到協調員會議和專家會議，無論提出、討論和決定什麼問題，各方都會本著互信互利原則，做到協商一致、平等相待；沒有出現大國強加於小

當地時間二〇一三年十一月二十四日，伊核談判有關六國與伊朗在瑞士就伊朗核問題的處理達成了一項「歷史性」的階段性協議。

國，多數強加於少數，一方強加於另一方的情況。

互利和共同發展是上海精神的新發展觀。上合成員國順應經濟全球化大勢，結合地區經濟發展特點，把相互間發展經濟關係作為上合的兩大任務之一。習近平指出，「我們維護地區安全穩定的最終目的是實現共同發展繁榮。各方有必要加快實施交通、能源、通信、農業等優勢領域合作項目，加緊研究建立上海合作組織開發銀行，以解決項目融資難題和應對國際金融風險。同時，上海合作組織要不斷加強同本地區其他多邊機制的務實合作，以實現優勢互補。」上合成員國的經濟發展水平不同，資源優勢也不一樣，現代化程度也有差異，但只有以互利為基礎，才能促進成員國的經濟關係發展。中國的現代化建設為俄羅斯和中亞國家能源產業的發展提供了廣大的消費市場，而在中亞和俄羅斯尚未占優勢的輕工領域，中國成熟的輕工產品可以起到補充作用，正好形成互補的優勢，可以互相從中獲利。

尊重多樣文明是上海精神的新文明觀。上合組織包括了中華文明、伊斯蘭文明和俄羅斯三大文明，加上觀察員國，則還有印度文明、蒙古文明。這些文明的信仰不同，文化不同，制度不同，經濟發展水平不同，但它們之間不是必然導致衝突，而是可以相互交流，相互學習，取長補短，兼容并包，同時也必須尊重各自的差異和選擇，在求同存異中和諧發展。

九、處理分歧的友好相處之道

中國是世界上鄰國最多的國家之一，周邊二十多個國家與中國有共同陸海邊界。如何解決中國與鄰近國家的歷史遺留的邊界領土爭議和海洋劃界爭議，是考驗中國外交智慧的一大難題。中國在過去成功解決了與蒙古、尼泊爾、巴基斯坦、緬甸、老撾、越南和俄羅斯、塔吉克斯坦、吉爾吉斯斯坦等國的陸地

邊界問題，但還有與印度、不丹的陸地邊界和與越南、菲律賓、馬來西亞、印尼、日本等國的海上劃界分歧，給當前的中國外交帶來很大的挑戰。為此，習近平在繼承中國外交解決邊界領土原則的基礎上，又提出了深化妥善解決處理分歧的友好相處之道。

在解決問題的方針政策上，習近平指出，各國交往頻繁，磕磕碰碰在所難免，關鍵是要堅持通過對話協商與和平談判，妥善解決矛盾分歧，維護相互關係發展大局。中國將堅定維護亞洲和世界和平穩定。中國人民對戰爭和動盪帶來的苦難有著刻骨銘心的記憶，對和平有著孜孜不倦的追求。中國將通過爭取和平國際環境發展自己，又以自身發展維護和促進世界和平。中國將繼續妥善處理同有關國家的分歧和摩擦，在堅定捍衛國家主權、安全、領土完整的基礎上，努力維護同周邊國家關係和地區和平穩定大局。中國將在國際和地區熱點問題上繼續發揮建設性作用，堅持勸和促談，為通過對話談判妥善處理有關問題作出不懈努力。

關於中印邊界問題，習近平指出，這一歷史遺留的複雜問題，「解決起來並不容易。只要我們堅持友好協商，最終能夠找到公平合理和雙方都能接受的解決辦法。在邊界問題最終解決之前，雙方要共同維護好邊境地區和平安寧，不使邊界問題影響兩國關係整體發展」。李克強對此進一步指出，對歷史遺留的邊界問題，中國沒有迴避，同意繼續推進邊界問題談判進程。雙方共同認為，中印兩個文明古國有足夠的聰明智慧，找到彼此能夠接受、公平合理的解決方案。在此之前，要完善處理邊境事務的相關機制，提高工作效率，妥善管控分歧，共同維護邊境地區的和平與安寧。這符合兩國的共同利益。中方理解印方在跨境河流問題上的關切，一直從中印關係大局和人道主義精神出發，在汛期水文資料和應急事件處置方面向印方提供協助。中國願進一步加強這方面的合作，並在跨境河流的開發利用和環境保護方面與印方加強溝通。只要雙方面向未來，增進互信，著眼化解問題，著力深化合作，就一定能夠推動兩國關

係邁上一個新台階。

對中國和一些東亞、東南亞國家在領土主權和海洋權益方面存在的分歧和爭議，習近平指出，要始終堅持以和平方式，通過平等對話和友好協商妥善處理，維護雙方關係和地區穩定大局。

關於中越海上問題，李克強總理二〇一三年十月在與越南總理阮晉勇共同會見記者時指出，最大可能擴大中越之間的共同利益，最大限度管控和縮小中越之間的分歧，維護南海地區的和平穩定。雙方會談的最重要成果，也可以說是中越合作新的突破，就是兩國將正式成立中越海上共同開發磋商工作組、基礎設施合作工作組、中越金融合作工作組。三個工作組三頭並進，開展兩國在上述三方面的合作。這向兩國人民、向國際社會表明中越全面戰略合作夥伴關係又有了新的進展，而且是實質性的進展。正像阮晉勇總理所說，雙方將爭取於年內在北部灣灣口外取得海上共同開發的實質進展，並磋商研究更大範圍海域的共同開發。這將向世界表明，中越兩國有能力、有智慧來維護南海和平，擴大共同利益，縮小和管控分歧。

習近平的外交新理念是對中國外交實踐的經驗教訓的總結，是對毛澤東、鄧小平外交思想的繼承和發展，是對國際社會公認的國際關係準則的繼承和發展，是對國際關係新情況新發展新趨勢的把握，是中國傳統文化精華的時代體現，體現了博大精深的中國傳統文化精華的強大生命力。它必將對中國外交的實踐和國際社會的外交理念產生重大影響。

作者葉自成，北京大學國際關係學院外交學系主任、教授。

習近平時代的中國外交：傳承與創新

高　飛　李雋暘

　　中國新一屆領導集體執政一年來，諸多跡象表明，在繼承中國外交基本原則和戰略目標的同時，中國的外交理念、政策和風格正在發生重大轉變。

一、中國外交的繼承與發展：發展中大國、戰略機遇、戰略布局

1. 繼承發展中國家特性，增加全球性大國屬性

　　首先，新一屆中央領導集體繼續強調了中國的發展中國家屬性和發展使命。

　　中國是一個發展中國家。根據一系列權威國際組織的劃分標準，中國按目前的發展水平，都只屬於發展中國家。聯合國將世界國家大致劃分為三類：最不發達國家、發展中國家和發達國家。中國屬於「發展中國家」。聯合國開發計劃署按各國的人均壽命、教育程度、生活水平三個指標統計出各國的「人類發展指數」，中國二〇〇九年的發展指數為零點七七二，屬於「中等發展程度」的發展中國家，排在世界第九二位。二〇一一年《中國的和平發展》白皮書中重申，「在相當長歷史時期內，中國仍將是一個發展中國家。」以習近平為首的新一屆黨中央繼承了發展的歷史使命，習近平同志將中國國家發展的目標形象表述為「中國夢」，他說：「實現中華民族偉大復興，是近代以來中國人民最偉大的夢想。」中國夢就是發展夢。

中國（上海）自由貿易試驗區

　　其次，中國承認自身的大國特點，明確將在國際事務中發揮負責任的大國作用。

　　不能否認，經過三十多年的改革開放，中國經濟取得了舉世矚目的成就。中國超越日本成為世界第二大經濟體，並被一些世界輿論視為「世界經濟的領導力量」。二〇一三年六月二十七日，中國外交部部長王毅在第二屆世界和平論壇午餐會上提出了中國的「大國定位」問題，從定位上克服了中國發展過程中出現的「經濟總量巨大與人均收入偏低」「自身能力與國際期待之間的巨大差異」，更加容易為外部世界接受與認知。這也表明，中國新一屆政府越來越明確了對自身的認識──「既是發展中國家，同時也是全球性大國」。這從客觀上要求，中國一方面要做好自身發展的工作，一方面要承擔與自身能力相適應的全球性責任。

2. 戰略機遇期沒有變，維護戰略機遇期手段更豐富

自中共十六大以來，中國始終認為二十一世紀的頭二十年是中國發展的重要戰略機遇期。近年來，構成這種機遇的外部因素和內部條件都發生了很大變化，形成了「一種更加複雜的戰略機遇期」。十八大報告因此提出，「我們要準確判斷重要戰略機遇期內涵和條件的變化，全面把握機遇，沉著應對挑戰，贏得主動，贏得優勢，贏得未來，確保到二〇二〇年實現全面建成小康社會宏偉目標。」

二〇一三年一月二十九日，習近平同志在中央政治局集體學習會上，全面闡述了中國新領導層所構想的外交政策。習近平強調，「我們要堅持走和平發展道路，但決不能放棄我們的正當權益，決不能犧牲國家核心利益。任何外國不要指望我們會拿自己的核心利益做交易，不要指望我們會吞下損害我國主權、安全、發展利益的苦果。中國走和平發展道路，其他國家也都要走和平發展道路。只有各國都走和平發展道路，各國才能共同發展，國與國才能和平相處。」這段講話更加清晰地表達了中國外交政策的定位及其底線，大國要「立威立信」，強勢而非強硬。

十八大結束以來，公眾明顯感覺到，中國外交堅定維護領土主權，敢於直面外部壓力和挑釁。習近平剛就任中共中央總書記、中央軍委主席不久，就提出了將能打仗、打勝仗作為強軍之要，並將中國夢從「強國夢」向「強軍夢」延伸。在貫徹國家對外政策目標上，外交部和軍隊的協調性明顯增強。針對中日釣魚島、中菲黃岩島和美日韓黃海軍演等爭議，中國採取了務實有力的反擊措施，在行動上體現了「中國不會去主動惹事，但也不怕事」，「誰惹事，誰付出代價」的特點。二〇一二年以來，中國海軍的艦艇和飛機奔赴西太平洋進行演習和訓練已成為慣例，幾乎實現了每月一次。僅二〇一三年二月至七月，中國三大艦隊就分別在西太平洋進行了七次海上演習和訓練。二〇一三年十一

月二十三日，中國國防部宣布劃設東海防空識別區，按照半個世紀以來美國、加拿大、澳大利亞、韓國、日本等二十多個國家和地區的實踐，在有效地遵守國際法的背景下，維護自身的海洋權益。儘管面臨國際社會的不少非議，然而這種「以彼之道，還施彼身」的做法無疑會使各國進一步認識到當今世界加強國際協商維護共同安全的重要，客觀上有助於推動新世紀中國一直致力提倡的包含「綜合安全觀」「共同安全觀」「合作安全觀」的新安全觀。

可見，中國新的外交政策在宏觀上堅持「韜光養晦」的同時，根據實際情況隨時對其作出調整，增強了外交的適應性、主動性和有效性。

3.外交戰略布局不變，實現戰略目標的方法更豐富

在中國的外交布局中，「大國是關鍵，周邊是首要，發展中國家是基礎，多邊是重要的舞台」，這一點在中國新一代領導人的外交布局中得到了堅持和發展。

國際格局是指權力在特定國際體系下的分配。大國關係構成國際格局。世界和平很大程度上取決於大國之間能否構建和維持和平，而大國之間尤其是新興大國與守成大國之間由競爭走向對抗甚至衝突，似乎成為一種難以擺脫的歷史宿命。

發展是中國長期堅持的國家戰略，從主觀上中國需要大國關係的基本穩定。如何處理新興大國之間的關係，如何處理中美兩個大國的關係，成了中國外交的重中之重。十八大報告指出，「我們將改善和發展同發達國家關係，拓寬合作領域，妥善處理分歧，推動建立長期穩定健康發展的新型大國關係。」在實踐領域，新一屆中國政府已經為構建新型大國關係付諸行動。

二〇一三年三月，中國國家主席習近平對俄羅斯、坦桑尼亞、南非和剛果

援建非洲的中國工人和當地居民

進行了訪問，主管外事工作的國務委員楊潔篪隨訪。五月中國國務院總理李克強對南亞的印度、巴基斯坦和歐洲的瑞士、德國進行了他成為新一屆政府領導人之後的首訪。中國領導人首訪外交的目標國有兩種類型。一是中國周邊攸關經濟和安全利益的國家，含印度、巴基斯坦、俄羅斯等；二是攸關中國全球戰略利益，有利於實現勢力平衡的國家，包括歐洲兩國、非洲三國。另外，俄羅斯和印度除了與中國地緣政治利益密切相關，也是中國推動世界新秩序建設所倚重的對象。在穩定周邊、夯實基礎、利用好多邊平台後，直至六月習近平主席才對美國進行了非正式訪問。美國成了中國大國迂迴外交布局中的最後一張拼圖。

二〇一三年六月，習近平主席與奧巴馬總統在美國安納伯格莊園舉行了「不打領帶」的會談，兩國領導人一致同意構建中美新型大國關係，其核心內

涵是「不衝突不對抗，相互尊重，合作共贏」。奧巴馬總統表示，美國歡迎一個強大、成功、繁榮、穩定的中國，願與中國成為平等夥伴，共同應對一系列全球性的挑戰。習近平主席則期待中美攜手合作，成為世界穩定的壓艙石、世界和平的推進器。這次歷史性會晤，不拘形式，平和務實，受到國際社會的普遍關注與廣泛歡迎。在雙方的共同努力下，中美新型大國關係開局良好。二〇一三年十一月十八日，習近平在人民大會堂會見美國前總統克林頓時高度評價中美關係，他表示，「在兩國歷屆領導人共同努力下，中美關係已經建設成為一座摩天大廈。」

與中美關係不同的是，俄羅斯是當代中國最重要的戰略倚重對象。二〇一三年三月，習近平主席首訪俄羅斯，在克里姆林宮與普京總統深入探討了如何推進中俄全面戰略協作夥伴關係，達成了廣泛共識，簽署了一系列重要協議。中俄關係從冷戰時代的「全面對抗」發展成為今天的「全面戰略協作夥伴關係」，本身就為新時期大國之間的互信與合作樹立了典範。二〇一三年九月七日，習近平在哈薩克斯坦納扎爾巴耶夫大學發表演講時，明確表示「中國不謀求地區事務主導權，不經營勢力範圍」，表明中國願同俄羅斯和中亞各國加強溝通和協調，共同為建設和諧地區作出不懈努力，進一步打消了俄羅斯的疑慮，為中俄關係的長遠發展夯實了基礎。

和平進程始自周邊。中國與世界關係的變化，首先反映在與鄰居們關係的變化。中國能否繼續與鄰居和睦相處，守望相助，對中國與世界關係的走向起著至關重要的作用。習近平強調，周邊對中國具有極為重要的戰略意義。

習近平指出，「中國周邊外交的基本方針，就是堅持與鄰為善、以鄰為伴，堅持睦鄰、安鄰、富鄰，突出體現親、誠、惠、容的理念。要堅持睦鄰友好，守望相助，多走動，多做得人心、暖人心的事，增強親和力、感召力、影響力。要誠心誠意對待周邊國家，爭取更多朋友和夥伴。要本著互惠互利的原

則同周邊國家開展合作，把雙方利益融合提升到更高水平，讓周邊國家得益於我國發展，使我國也從周邊國家共同發展中獲得裨益和助力。要倡導包容的思想，以更加開放的胸襟和更加積極的態度促進地區合作。」一年來，中國不斷增大周邊投入，積極推進與周邊國家的互聯互通，探索搭建地區基礎設施投融資合作平台，周邊外交取得了很大成績。

首先，中國努力打造中國──東盟自貿區升級版，推進區域全面經濟夥伴關係（RCEP）以及中日韓兩大自貿區的談判。二○一三年是中國──東盟建立戰略夥伴關係十週年，也是中國──東盟博覽會舉辦十週年。十年來中國──東盟經貿合作成效十分顯著。據中方統計，二○○二年，中國──東盟貿易總額為 547.67 億美元，東盟為中國第五大貿易夥伴，中國為東盟第三大貿易夥伴。二○○二年十一月，中國與東盟簽署《中國──東盟全面經濟合作框架協議》，標誌著中國和東盟建立自貿區的進程正式啟動。二○一○年一月一日，中國──東盟自貿區如期建成，中國對東盟十國自華進口的 90% 以上的產品實現了零關稅。到了二○一二年，雙邊貿易額已達 4001 億美元，年均增長 22%，是二○○二年的 7.3 倍。目前，中國是東盟第一大貿易夥伴，東盟是中國第三大貿易夥伴。二○一三年九月二日，中國國務院總理李克強在參加中國──東盟博覽會時談到中國──東盟關係，他表示，中國「願同東盟各國一道抓住機遇，打造中國──東盟自貿區升級版，建立亞洲基礎設施投融資平台，積極開展海上合作，妥善處理分歧，推動中國──東盟關係在下一個十年取得更大發展」。儘管政治上存在嚴重分歧，二○一三年中日韓自貿區談判仍然按計劃啟動。三月在韓國首爾舉行了第一輪談判，七月在中國上海舉行第二輪談判會議，十一月在日本舉行了第三輪談判，三方都表示希望儘早達成一個平衡、互惠、共贏的協定，以便三方企業和人民早日受益。東亞地區合作開始全面提速。

其次，中國積極開展雙邊和地區的海洋合作，把周邊海域建設成和平、友

誼、合作之海。對於本地區歷史遺留的一些領土主權和海洋權益的爭端，中國主張在充分尊重歷史和國際法的基礎上，通過對話和談判尋找妥善的解決辦法，反對採取使爭議擴大化、複雜化的行動。在海洋權益爭議解決之前，各方可以擱置爭議，共同開發。二〇一三年九月十四日至十五日，中國和東盟高級官員在蘇州舉行了特別會議，會議重點討論了解決南海領土爭端的「行為準則」。各方同意遵循「循序漸進、協商一致」的磋商思路，從梳理共識開始，逐步擴大共識、縮小分歧，在全面有效落實《南海各方行為宣言》的過程中，繼續穩步推進「準則」的進程。會議決定授權聯合工作組就「準則」進行具體磋商，並同意採取步驟成立名人專家小組。在中方的積極努力下，南海問題明顯降溫。

第三，中國不斷加強與周邊國家的人文交流，不斷夯實睦鄰關係的社會基礎。習近平同志指出，「國之交在於民相親」，「人民的深厚友誼是國家關係發展的力量源泉」。二〇一三年三月，習近平主席訪俄期間與普京總統共同宣布，中俄兩國將於二〇一四年和二〇一五年互辦中俄青年友好交流年，「期待著越來越多的中俄青年接過中俄友誼的接力棒，積極投身兩國人民友好事業」。二〇一三年十月三日，在訪問印尼期間，習近平再次提到，「青年最富有朝氣、最富有夢想，青年興則國家興，青年強則國家強。青年代表著兩國交往的未來和希望。」他和蘇希洛總統一致同意，兩國將擴大並深化人文交流，今後五年雙方將每年互派一百名青年訪問對方國家。中國將向印尼提供一千個獎學金名額，並祝願兩國友好交往事業「薪火相傳、興旺發達」。

第四，中國在非傳統安全領域加強與周邊國家的合作，積極拓展防務與安全交流。二〇一三年九月，習近平在接受土、俄、哈、烏、吉五國媒體聯合採訪時表示，「上海合作組織成立十二年來，成員國結成緊密的命運共同體和利益共同體。面對複雜的國際和地區形勢，維護地區安全穩定和促進成員國共同發展，過去、現在乃至將來相當長時期內都是上海合作組織的首要任務和目

標。」「安全上，成員國要繼續堅定支持彼此維護國家安全和社會穩定的努力，加大打擊『三股勢力』和毒品犯罪力度。值得注意的是，當前，地區恐怖主義和毒品犯罪相互勾結的現象愈演愈烈，反恐和禁毒成為需要雙管齊下的系統工程。中方認為有必要賦予上海合作組織地區反恐怖機構禁毒職能，加強其綜合打擊『毒恐勾結』的能力。」二〇一三年十月二十八日，在北京發生了東伊運組織的暴力恐怖襲擊事件，上合組織地區反恐機構執委會立即對這起造成無辜平民傷亡的暴力恐怖案件表示極大憤慨並予以強烈譴責，表示將根據中方請求，運用上合組織反恐合作機制，密切配合中方對這起案件開展協查，嚴厲打擊一切暴力恐怖分子。這充分顯示中國與周邊國家及國際組織反恐合作已經趨於成熟。

二、中國外交政策發展與創新的動因

中國外交的發展與創新，得益於多重原因。首先，世界體系在一個相當長的時期內逐漸向一個更加均衡和民主的多極化世界靠攏，中國外交政策的發展體現了這一趨勢對中國外交政策的新要求。其次，中國周邊國家大多處於激烈變革時期，整體的周邊形勢處於動盪之中，新的戰略平衡正在生成，中國外交政策發展也正是呼應了這一週邊形勢的具體要求。最後，外交是內政的延續，國內改革形勢提出的嚴峻挑戰，既促使中央進行更為深入、全面的國內改革，也促使中國外交在國內改革的基礎上進行創新。

1. 世界趨勢、大國關係與中國外交政策的新發展

從全球層次看，舊的世界體系正在瓦解之中，建立新的世界秩序仍然需要較長一段時間。在一個發生深刻而重大變化的世界中「敵友不明」，致使「模糊戰略」成為相對唯一的戰略選項。

整體來說，自冷戰結束開始，特別是二十一世紀以來，以西方為主導的全球秩序受到了包括中國在內的新興大國的挑戰。隨著自身實力的發展，中國、俄羅斯、印度、巴西、南非等新興經濟體都在呼籲建立一個更加均衡和民主的多極化世界，改變美國、西方主導的傳統全球治理模式。與此同時，美國作為當今世界的唯一超級大國，仍然試圖繼續維護自己的獨霸地位，在全球體系的許多方面發揮主導作用。綜合以上兩個主要方面來看，在一段相當長的時間內，世界將會經歷新興權勢與傳統權勢之間的戰略博弈。

　　中國是當今世界新興國家的代表，中國外交政策的新近發展體現了新興國家的訴求與特點。在新興權勢與傳統權勢不可避免的博弈過程中，中國與美國的博弈資源有著顯著的不同：美國的優勢在於二戰以來建立的全球安全架構，而中國則依賴不斷拓展的經濟貿易網絡；美國依託的是基於意識形態基礎的所謂「民主聯盟」，中國依託的是通過地區互聯互通建立的「地域聯繫」；美國全球布局致力於「防範新興大國崛起造成的風險」，中國戰略安排旨在提升自身的「戰略縱深」和「迴旋餘地」。在制度和觀念層面美國處於優勢地位，在權力層面中國儘管依然處於弱勢，但發展勢頭很快。換而言之，美國擁有「軟權力」上的既有優勢，中國在「硬權力」方面占據趨勢上的主動。

　　受到以上諸因素的影響，中國與美國這個世界霸權國之間形成了多層次的博弈格局：各有長短，中美雙方各有施展影響和實現發展的層次，未必在方方面面都針鋒相對，但又無時無刻不在影響著世界權勢配比的整體格局。因此，中國外交的新近發展體現了在大國關係方面「爭」與「不爭」的辯證統一。「爭」是世界格局長期變化的客觀要求，是在核心利益範圍內尋求建立與自身實力相適應的國際權利義務的持續努力，是開創新的競爭領域和新的競爭層次的多方面探索和創新，是建立新的、更加均衡與更加公平的國際政治經濟體系的必由之路。與此同時，「不爭」則是求同存異，是避免針鋒相對、全面對抗，避免過度挑戰對抗而失去「和平發展」的重要契機。

綜上，中美新型大國關係體現了著眼於新的全球秩序構建的新型大國博弈。在未來競爭中，在長時期的世界格局變化趨勢下，中美關係會如何發展，從某種程度上來說是不可預料的；而這一格局和這一關係，正是中國外交政策新近發生轉變的原因之一。換言之，中國外交政策必須幫助中國適應這樣一種局面，以立於不敗之地。

2. 周邊激盪、策略革新與中國外交政策的新發展

首先，從地緣層次看，中國所處的周邊地區正處於激烈動盪期中。一方面，許多國家都在經歷著內部調整和對外角色更新；另一方面，美國為維護世界的霸權地位在該地區持續介入。在這兩方面因素的影響下，新的地區戰略平衡正在形成之中。在較為變動和不安定的情勢下，外部世界、周邊國家對中國外交政策的轉變持觀望態度。在地區局勢激盪、利益分配尖銳化的情勢下，中國的周邊外交政策必須與時俱進，積極進取，為中國的和平發展爭取一個安寧、穩定、繁榮的周邊環境。經略周邊，革新策略，正是中國外交政策新近發展與創新的重要實踐。

面對國際形勢的迅速變化和國內的劇烈變革，中國的諸鄰國——俄羅斯、印度、日本等都希望在地緣政治乃至全球政治舞台上扮演更大、更重要的角色。為此，地區許多國家都投入大量資源，爭取在世界權勢格局重組的過程中取得一定程度的優勢地位，獲取一定意義上的東亞秩序主導權或更多的話語權。對於它們中的多數來說，正在崛起的中國將或多或少甚至可能嚴重影響其外交進程。因此，一些國家對中國疑慮重重。無論是從傳統的大國崛起過程中所發生的擴張和掠奪行為，還是從現實世界中國與周邊錯綜複雜的領土爭端看，他們似乎都有理由為自己的未來擔憂。中國與周邊各國的關係既有相互依存、友好合作的一面，又有彼此猜忌、相互競爭乃至衝突的一面。隨著中國的發展，隨著這些國家自身政治和經濟力量的發展，後者所占比重越來越大。近

些年來，中國周邊熱點問題日益突出即是很好的明證。除了因應這種挑戰，中國外交「別無選擇」。

具體來說，中國與一些周邊國家的關係糾葛，既有歷史恩怨，又有現實紛擾，這些都對中國外交政策轉變產生了重要影響。其中，中日關係、中印關係、中越關係都是這一類型雙邊關係的典型。中國與這些國家之間的關係，或涉及現實中的核心利益，或涉及歷史上的偏見與積怨，或由地緣上的結構性矛盾而產生。到目前為止，尚無有效方法來徹底化解中國與這些國家之間的矛盾。因此，如何在把握根本利益的同時控制齟齬與衝突的程度，如何在發生不可逆轉的嚴重衝突前通過運用具有創新性質的外交策略來維護周邊環境的和平與穩定，成為新情勢下中國的重要訴求。

3. 國內改革、理念革新與中國外交政策的創新發展

從中國自身來看，中國的國內改革已經到了關鍵時刻。中共十八屆三中全會的召開以及《中共中央關於全面深化改革若干重大問題的決定》顯示，當前中國所面臨的矛盾和問題呈現出複雜性、長期性和根本性，只有通過綜合、重大、深入的改革，這些矛盾和問題才能得以解決。

首先，全面的國內改革更加強調公平和正義。與此同時，國內改革需求具有較為清楚的層次性。有學者指出，就經濟體制改革而言，相當部分的工作已經可以說是完成了，但是就全面改革而言，包括社會公平正義在內的許多方面都亟待改革。在過去的三十多年裡，經濟改革的快速推進和巨大成果，反過來在社會公義方面造成了深刻、重大的後果。改革的各個方面並未得到一致推進，在後續的全面深化改革中就必須將重點轉移到以前所忽視的方面上來。換言之，改革理念將多少更加強調公平正義，而非以前的「經濟發展壓倒一切」。

聯合國維和部向二〇一〇年一月在海地地震中犧牲的四名中國維和警察授予「哈馬舍爾德勳章」，以表彰他們為聯合國維和行動作出的貢獻。

　　其次，更加強調內政外交目標的相互統籌。國內改革的觀念直接影響著中國外交政策的目的和理念。二〇一三年十月，習近平在周邊外交工作座談會上講話指出，「我國周邊外交的戰略目標，就是服從和服務於『兩個一百年』奮鬥目標、實現中華民族偉大復興」，同時還指出，要做好外交工作，就必須「堅持正確義利觀」。義利觀的提出，是中國外交一次重要的理念革新，有助於平衡外交事業的投入產出、確保外交事業的根本戰略目標得以實現，同時有助於中國通過其外交事業樹立負責任大國形象。正如王毅外長指出的那樣，正確的義利觀既是「中國特色社會主義的內在要求」，又是「新一屆中央領導集體對中國未來國際地位和作用的戰略謀劃」，同時更是外交工作的「核心價值觀」。

第三，更加注重國內發展和對外開放的相互協調。從國內改革的趨勢和方向來看，中國的改革越來越倚重與外部世界的聯繫。十八屆三中全會明確指出，「適應經濟全球化新形勢，必須推動對內對外開放相互促進、引進來和走出去更好結合，促進國際國內要素有序自由流動、資源高效配置、市場深度融合，加快培育參與和引領國際經濟合作競爭新優勢，以開放促改革。要放寬投資准入，加快自由貿易區建設，擴大內陸沿邊開放。」作為改革的重要內容，二〇一三年九月中國（上海）自貿區的設立表明中國新政府將繼續堅持互利共贏的開放戰略，並將其視為支撐國內改革和發展的新動力。

綜上，國際格局的長期變化趨勢決定了中國外交政策發展與創新的根本環境與方針底色，周邊地區的情勢激盪直接促進了中國外交政策的策略創新，而最終，中國外交政策發展與創新的根本動力、戰略目標，乃至新的理念，則都源自處於改革關鍵時期的中國社會本身。這些因素由大而小、由內而外，構成了中國外交政策新近發展與創新的根本動因。

三、中國外交政策的走向和主要特點

1. 更加強調宏觀變革與全局謀劃

中國外交政策的新近發展，是一次針對長期趨勢進行的宏觀變革和戰略謀劃，不是針對短期行為進行的應急式調整和戰術修補。中國外交政策的新近發展，是對外交政策進行「全球布局」「內外統籌」「遠近結合」的有機組合式處理，不是針對零散的單一需求集合而進行的拆東補西。

從長歷史時段看，當代中國的發展和國際體系的變遷是緊密聯繫在一起的。首先，冷戰走向終結為中國提供了一個總體穩定的國際環境，促成了中國

二〇一〇年三月四日，中國政府提供的救災物資緊急運往智利。

經濟的快速成長。從一九七九年至二〇一〇年，中國國內生產總值年均實際增長 9.8%，經濟總量居世界位次穩步提升。根據國際貨幣基金組織統計，中國經濟總量占世界經濟的份額從一九七八年的 1.8%（全球第 10 位）上升到二〇一〇年的 9.5%（第 2 位）。一九七八年中國人均 GDP 不到 100 美元，二〇一〇年中國人均 GDP 達到 4682 美元，二〇一二年中國的人均 GDP 超過了 6000 美元。按照世界銀行的劃分標準，中國已經由低收入國家躍升至世界中等偏下收入國家行列。其次，經濟全球化成功地推動了跨國資本與中國廉價勞動力的結合，同時帶動了技術和管理的提升，使中國經濟和世界經濟融合，中國由此成功地走上了一條與本國國情和時代特徵相適應的發展道路。正是在經濟全球化的特定歷史條件下，中國這樣的後興大國實現崛起，可以通過國際市場引進各種資源包括能源，而不必走對外侵略、掠奪的崛起之路。從這個意義上來說，經濟全球化成就了中國和平崛起。概而述之，只要全球化進程不中斷，且

中國自身保持穩定，中國的和平發展就是完全有可能的。第三，中國日益融入國際體系，使中國對現有國際體系的認知從過去的「挑戰者」變成今天的「改良者」和「建設者」。二○○三年，時任中國外交部部長助理的王毅在解釋新秩序與加入現存體制的關係時表示：「我們提出新秩序，不是要拋棄或否定現行秩序，而要對其中不合理、不公正之處進行調整和改革，使之能夠反映大多數國家和人民的共同利益，推動實現國際關係的民主化。提倡新秩序，不是要排他，而是希望實現開放、包容和共贏。我們重視發展與美、俄、歐等大國的關係，重視與他們就亞洲問題加強對話與協調，願意看到他們為本地區的和平、穩定與發展發揮建設性的作用。」由此可以看出中國對國際體系的基本態度。

正因為中國與國際體系之間的這種緊密關係，在當今世界「中國的發展離不開世界，世界的繁榮離不開中國」絕不是一句空話。實現中國發展的戰略目標需要我們既考慮到中國的特點，也要關注世界的發展；既要考慮短期的經濟成長，也要考慮國家的長遠利益；既要處理好周邊的關係，也要有全球性的眼光。二○一三年，從白雪皚皚的俄羅斯到驕陽似火的非洲，從遠隔重洋的拉美到舉世矚目的中美會晤，從陸上絲綢之路的中亞到海上絲綢之路的東南亞，從金磚國家峰會、二十國集團峰會、上合組織峰會，再到 APEC 峰會，上任僅七個月時間裡，習近平主席的足跡就幾乎遍布全球，並與四十多個國家的領導人進行了雙邊會晤，內容涵蓋了政治安全、經濟金融合作、人文交流、氣候變化等廣泛議題。從二○一三年中國領導人外訪的圖譜，我們不難看出中國外交的宏觀設計和新一代領導人展現出的戰略眼光。

2. 更加強調和平訴求

隨著中國的發展和與外部世界聯繫更加緊密，如影隨形的是中國外部環境的持續複雜化，並表現出中外之間的關係的不時緊張。然而，這種變化並不是中國希望與外部世界發生衝突，恰恰相反，中國真誠地需要一個和平的外交環

境，真誠地想要與別國保持友好關係，從而在和平的環境中實現國家的發展戰略。

過去三十年中國經濟的成功主要在於中國通過改革開放，實現了國際國內兩個市場的互聯互通，「改革開放」與「全球化」進程相輔相成。在中國改革開放過程中，一方面，中國民族經濟越來越外向化和國際化；另一方面，經濟全球化日益成為推動中國經濟發展和制度變革的重要外部力量。

在新的歷史條件下，中國的和平訴求不是降低了，而是增強了。相較於從前，中國除了期冀為經濟發展贏得時間之外，更要消除由於各種社會矛盾激化所引發的社會不穩定的憂慮。因此，從主觀上來說，中國的和平願望更為強烈。二〇一三年四月，習近平在博鰲亞洲論壇發表主旨演講《共同創造亞洲和世界的美好未來》，提出「和平是人民的永恆期望。和平猶如空氣和陽光，受益而不覺，失之則難存。沒有和平，發展就無從談起。國家無論大小、強弱、貧富，都應該做和平的維護者和促進者，不能這邊搭台、那邊拆台，而應該相互補台、好戲連台。國際社會應該倡導綜合安全、共同安全、合作安全的理念，使我們的地球村成為共謀發展的大舞台，而不是相互角力的競技場，更不能為一己之私把一個地區乃至世界搞亂。各國交往頻繁，磕磕碰碰在所難免，關鍵是要堅持通過對話協商與和平談判，妥善解決矛盾分歧，維護相互關係發展大局。」

通過積極努力，二〇一三年越南國家主席張晉創訪華、中國國務院總理李克強訪越，雙方就堅持通過友好協商和對話談判解決南海爭議達成了一致。時隔五十九年後，中印總理在二〇一三年年內再次實現了互訪，雙方同意通過友好協商和平解決邊界問題，在邊界問題最終解決前，共同維護邊界地區和平與安寧，並就孟中印緬經濟走廊建設、鐵路及工業園區合作達成了廣泛共識。而對於菲律賓和日本在中國南海和釣魚島問題上的挑釁，中國同樣給予了堅決回擊。

3. 更加自信、果斷和包容

冷戰結束後，世界在政治、經濟、文化和社會等各領域都發生了結構性變化，變化主要體現在兩個基本*趨勢*：一是全球化*趨勢*日益加深，各國間的相互依存程度日益提高；二是多極化*趨勢*日益明顯。這兩種*趨勢*充分表明，人類正進入一個新的全球化時代，每一個國家都必須在參與全球化過程中作出變革和回應，同時，國家只有在與外部世界加深聯繫的情況下才能獲得經濟的繁榮與安全保障。經過三十多年的改革開放，中國與世界的關係已經發生了根本變化，中國越來越成為當代國際體系不可分割的參與者和建設者。中國改革開放的成功與全球化進程的發展相輔相成，中國在融入世界的過程中展現出越來越多的包容與自信。

十八大報告第一次在黨的決議中提出各國利益的整體性和一致性——「人類只有一個地球，各國共處一個世界」，由此進一步提出共同發展是可持續發展的重要基礎，符合各國人民長遠利益和根本利益。自十八大以來，習近平同志九次在涉外講話中提到，「我們生活在同一個地球村，應該牢固樹立命運共同體意識」，這些都展現出中國新一代領導人不同於以往的高遠視角。

二○一三年四月七日，在海南博鰲論壇上，習近平演講指出，「世界各國聯繫緊密、利益交融，要互通有無、優勢互補，在追求本國利益時兼顧他國合理關切，在謀求自身發展中促進各國共同發展，不斷擴大共同利益匯合點。要加強南南合作和南北對話，推動發展中國家和發達國家平衡發展，夯實世界經濟長期穩定發展基礎。要積極創造更多合作機遇，提高合作水平，讓發展成果更好惠及各國人民，為促進世界經濟增長多作貢獻。」

在合作的前提下，中國提出開放包容、共同發展，主張尊重各國自主選擇社會制度和發展道路的權利，消除疑慮和隔閡，把世界多樣性和各國差異性轉化為發展活力和動力。中國主張秉持開放精神，積極借鑑其他地區發展經驗，

二〇一三年十一月二十八日，西安，直抵中亞的「長安號」國際貨運班列整裝待發。

共享發展資源，推進區域合作。「絲綢之路經濟帶」是這一政策的集中體現。

　　二〇一三年九月七日，中國國家主席習近平在哈薩克斯坦納扎爾巴耶夫大學發表了題為《弘揚人民友誼　共創美好未來》的主題演講，全面闡釋了中國的中亞政策，明確提出，中國未來將與歐亞各國更加緊密合作，加強政策溝通，加強道路聯通，加強貿易暢通，加強貨幣流通，加強民心相通，「用創新的合作模式，共同建設『絲綢之路經濟帶』」。二〇一三年十月，隨著中國國家主席和國務院總理先後訪問東南亞，這一政策進一步被延伸到海上，一張由中國崛起帶動的世界經濟和發展網絡在高鐵和現代航運技術的支撐下躍然紙上。而絲綢之路的古老經驗正是告訴人們，不同社會制度和發展階段的國家，不同宗教、文化的國家之間合作不僅是可能的，而且完全可以實現互利共贏、共同發展。

與此同時，面對國際合作中可能存在的分歧與紛爭，中國正日益變得理性和包容，以創新減少紛爭，以包容化解分歧。例如，美國在其「新絲綢之路」計劃中缺乏包容，「強調自身和盟友的利益」，卻缺乏與中俄合作的誠意。比較而言，中國的「絲綢之路經濟帶」計劃，廣泛容納了包括美國在內的各種利益攸關方。又如，與有領土爭端的印度共同建設「孟中印緬經濟走廊」，也體現了中國自信開放，通過合作構建互信，循序漸進最終化解矛盾的長遠眼光。再例如，中國在「跨太平洋夥伴關係協議」（TPP）問題上的態度轉變，也能夠說明中國外交的心態正在變得更加自信、務實、開放、包容，通過博大的心胸化解偏見，破解中國和世界發展中的難題。

　　當中國國際政治經濟影響力不斷躍升的同時，在世界舞台上中國領導人日益展現出親民和樸實的形象。習近平常常以講故事的方式拉近與普通民眾的距離，通過通俗的語言講述深刻的道理，展現出獨特的個人魅力，並被國外媒體冠以「習式外交」。在這種樸實風格的背後，一年來中國保持了大國關係的基本穩定，周邊環境有所改善，多邊合作不斷深入，外交工作成就顯著。戰略眼光、和平訴求、自信包容，這些不僅體現了中國新一代領導人的個人特點，更塑造了中國新的大國外交風格。這也使我們更加有理由相信，一個崛起的中國與世界和諧相處是可能的，中國人實現自己的百年夢想是必然的。

作者單位：外交學院

實現中國夢是對人類社會的新貢獻

劉德喜 等

二〇一二年十一月黨的十八大以來，習近平總書記在一系列重大的國內外活動中深刻闡釋「中國夢」及其豐富內涵。他指出：「實現中華民族偉大復興，是近代以來中國人民最偉大的夢想，我們稱之為『中國夢』，基本內涵是實現國家富強、民族振興、人民幸福。」他還反覆強調：「我們要實現的中國夢，不僅造福中國人民，而且造福各國人民。」根據習近平總書記關於「中國夢」的一系列講話精神，可以得出這樣的結論：中國在歷史上曾經對人類社會作出過重大貢獻；近代以來，特別是新中國建立以來，中國人民歷盡艱辛，努力實現中華民族偉大復興的中國夢，必將對人類社會作出更大的貢獻。實踐將證明，一個充滿生機、活力的中國，一個不斷發展、進步的中國，一定會給世界各國人民帶來更多機遇和福祉。

一、實現中國夢是對人類社會經濟發展的新貢獻

（一）全面建成小康社會本身就是對人類社會的新貢獻

中國在歷史上曾為世界經濟作出重要貢獻。英國著名經濟史學家安格斯・麥迪森研究發現：西元十至十五世紀早期，中國的人均收入要高於歐洲，而且在隨後的幾個世紀中，中國一直是世界上最大的經濟體，是世界經濟中的領先者。在技術水平上，在自然資源的開發利用上，以及遼闊疆域的管理能力上，中國都要超過歐洲。即使在鴉片戰爭爆發之前的一八二〇年，中國的 GDP 仍

占世界總量的百分之三十三。由於技術落後以及政府治理脆弱，在一八四〇至一九五〇年的一百多年間，中國一直為內憂和外患所困擾，GDP 從占世界總量的三分之一滑落到二十分之一。

　　近代以來中華民族遭受的屈辱與苦難世所罕見。從十九世紀四〇年代鴉片戰爭以來的一百多年，中國遭受了西方列強野蠻而殘酷的侵略。每次侵華戰爭，無辜的中國人民都要遭受血腥的屠殺；中國都會喪失大片土地；中國的社會財富都受到強盜式的勒索和掠奪。據不完全統計，一八四〇至一九四九年間，列強強迫中國政府簽訂的不平等條約多達一千一百多個。外國侵略者通過不平等條約掠去的戰爭賠款和其他款項達一千億兩白銀。日本全面侵華戰爭期間，中國九百三十餘座城市被占領，直接經濟損失六百二十億美元，間接經濟損失超過五千億美元。國家主權喪失、社會財富遭到洗劫，使中國人民失去了最起碼的生存條件。

　　一九四九年，新中國面臨的是一個十分落後的千瘡百孔的爛攤子，生產落後、百業凋敝、物資匱乏、通貨膨脹、物價飛漲、民不聊生。中國人民在醫治戰爭創傷、恢復國民經濟的道路上艱難前行。一九五二至一九七八年，中國 GDP 年均遞增 6.5%，同期世界 GDP 增長速度為 3%左右。在這期間，中國徹底改變了舊中國畸形的工業體系，初步建成了門類齊全的現代工業和交通運輸業，主要工業產品質量和數量得到快速增長，鐵路、公路、水運、民航和管道等運輸體系基本形成；農業現代化建設取得偉大成就；國防現代化建設向國際先進水平邁進。一九七八年，中國的人均國民生產總值只有 230 美元，人均收入是當時撒哈拉以南非洲國家平均水平的 1/3，屬於世界上最貧窮的國家之一。改革開放以後，中國 GDP 年均增長率達到 9.9%，對外貿易年增長率達到 16.3%。二〇一〇年中國人均 GDP 為 4428 美元，取代日本成為世界第二大經濟體，同時取代德國成為世界上最大的商品出口國。

建國六十年多來，中國解決了十三億人口的溫飽問題，基本上實現了小康水平，貧困人口從二億減少到二千多萬。中國的經濟社會發展取得了驚人的成就，被世界稱為「奇蹟」。

二〇一二年，中國國內生產總值達到 51.9 萬億元，進入中等收入國家行列。城鎮和農村人均住戶面積達到 32.9 平方米和 37.1 平方米；城鎮居民平均每百戶擁有家用汽車 21.5 輛。城鎮化率達到 52.6%。全面實現城鄉九年免費義務教育，惠及 1.6 億學生；高等教育毛入學率提高到 30%。城鄉居民基本養老保險實現了制度全覆蓋，各項養老保險參保達到 7.9 億人。全民基本醫保體系初步形成，各項醫療保險參保超過 13 億人。國民健康水平進一步提高，人均預期壽命達到七十五歲。

中共十八大提出，到中國共產黨成立一百年時全面建成小康社會，到新中國成立一百年時建成富強民主文明和諧的社會主義現代國家。「兩個一百年」的奮鬥目標，具體勾勒出中國特色社會主義的宏偉藍圖，成為實現中國夢里程碑式的標誌。為了確保到二〇二〇年實現全面建成小康社會的目標，十八大又提出，「實現國內生產總值和城鄉居民人均收入比二〇一〇年翻一番」，同時提出「兩個同步」：居民收入增長和經濟發展同步，勞動報酬增長和勞動生產率提高同步。

中國夢的首要主題是全面建成小康社會。當十三億多中國人徹底擺脫貧困，獲得更好的教育、更穩定的工作、更滿意的收入、更可靠的社會保障、更高水平的醫療衛生服務、更舒適的居住條件、更優美的環境，孩子們能夠成長得更好、工作得更好、生活得更好，人民對美好生活的嚮往得以充分實現時，這意味著——在世界貧富差距仍在持續加大、世界貧困人口絕對數量不斷增長的對比前提下，全人類的百分之二十人口成功實現了脫貧和致富。因此，中國的成功將不僅是中國人民自己的成功，更是全人類的成功。中國夢得以實現本

身就是對二十一世紀人類社會的直接新貢獻。

（二）實現中國夢有利於保障、推動全球經濟健康發展

新中國成立以來，特別是改革開放以來，中國為世界經濟作出了突出貢獻，發揮了難以替代的作用。中國經濟的快速增長對國內外均產生了非常大的影響。國內方面最大的影響是人民生活水平迅速提高。從世界經濟角度看，從中國向外輸出的主要是消費產品以及生活必需品，這些低價優質的中國產品使得世界各地的窮人生活得到切實改善。

同時，中國經濟的繁榮還保障、促進了世界經濟的穩定。一九九七年發生東亞金融危機時，各國貨幣如韓元、泰銖、印尼盾等都在大幅貶值，給中國的出口產品帶來巨大競爭壓力。中國作為負責任並且有遠見的大國，將周邊地區經濟的穩定放在首位，頂住壓力，宣布了人民幣不貶值的明確決定，並以實際行動兌現承諾。中國用自身積累的充足外匯儲備維持住了人民幣的穩定，並以快速的經濟增長和對東亞國家產品的大量進口，拉動東亞經濟。中國的舉措對亞洲經濟快速復甦作出了巨大貢獻。二〇〇八年全球爆發金融危機，中國依靠自身巨大的財政空間和充足的外匯儲備，迅速出台四萬億人民幣的刺激經濟方案。中國率先促進經濟增長的做法，為世界經濟復甦作出積極努力。中國勇於擔任應對和處理世界金融、經濟危機中最大的「穩定器」；努力促進世界經濟合作，推動國際金融體系理性改革；積極參與國際合作，參與提供全球性公共產品，穩定全球經濟與貿易增長；同時，大力發展綠色經濟，促進可持續發展。時任世界銀行行長羅伯特‧佐利克評論說：「中國應對全球危機所採取的措施非常有效。這些措施不僅對中國非常重要，對全球經濟也發揮了重要的作用。中國的一些貿易夥伴也從中國國內的需求所拉動的一些經濟復甦中獲益。這有助於在全球建立起信心。」

中國經濟良好、強勁的發展勢頭將推動世界經濟穩步提升。中國目前已經成為世界第三大進口國；中國的巨大市場將使遍布全球的貿易夥伴紛紛受益，幫助他們較快走出經濟停滯的陰影。中國的出口也會使貿易夥伴受益匪淺；中國的出口商品價廉物美，能夠滿足進口國廣大消費者的需要，使他們得到實惠，從而有利於抑制當地通貨膨脹，保持經濟穩定。中國的良好投資環境，將為各國投資者持續不斷地提供創業機遇。中國逐漸增長的對外投資能力，將為亞洲、非洲和拉美等地區國家的經濟起飛提供能量。中國處於發達國家和發展中國家、欠發達國家之間的「承上啟下」地位，一端與發達國家的高端製造能力、投資需求、消費需求等形成互補，另一端則與發展中國家的資源供應、消費市場擴展、工業化發展需求等形成對接。中國的發展將給世界經濟帶來機遇。

　　中國將繼續充當世界經濟發展的動力引擎。一方面舉起正義旗幟，反對以霸權主義、強權政治和剝削掠奪為特徵的國際政治經濟舊秩序，推動建立和平、穩定、公正、合理、平等、互利的國際政治經濟新秩序；一方面繼續加強與發展中國家、欠發達國家的友好關係和經貿往來。中國國家主席習近平在出席二〇一三年二十國集團領導人第八次峰會時呼籲，二十國集團各成員國應當建設更加緊密的經濟夥伴關係，肩負起應有的責任；同時建議各國採取負責任的宏觀經濟政策，共同維護和發展開放型世界經濟，完善全球經濟治理，使之更加公平公正。

（三）實現中國夢將為其他國家提供有益的發展經驗

　　實現中國夢對於傳統的發展經濟學和國際政治學理論，是一個挑戰，也是一個奇蹟。發展經濟學中的「自然增長理論」認為，任何一個國家除了在戰爭和受到自然災害破壞之後的恢復期外，都不可能長期維持年均百分之七以上的增長。二十世紀六〇年代以後的日本和「亞洲四小龍」曾經因為有過二十多年

超過百分之七的連續增長被稱為「東亞奇蹟」。中國改革開放三十多年的持續增長已經創造了同樣的輝煌，並將繼續創造奇蹟。在西方國際政治現實主義學派看來，一個新崛起的大國必然要挑戰現存大國，而現存大國也必然來回應這種威脅，這樣衝突和戰爭變得不可避免。這被視為國際關係的「鐵律」。但是，中國的經驗已經打破了這個「鐵律」。中國過去、現在乃至未來，始終堅定不移地走和平發展道路。致力於建設和諧世界，是中國政府和中國人民的鄭重選擇和不懈追求。

已有的實踐結果證明，中國道路是對內有效的經濟社會政策和對外正確的國際關係政策的有機統一。實現中國夢作為自力更生、和平發展的成功典範，將為其他發展中國家、欠發達國家提供有益的經濟社會發展經驗。諾貝爾經濟學獎獲得者阿馬蒂亞‧森說：「中國經濟的重要性不僅改變了全球經濟的性質以及人們討論全球經濟問題的聲音，它還對人們有關市場經濟的思維方式產生了重大的影響。」「中國經濟對全球經濟的一個重大貢獻就在於，世界上的其他國家可以從中國的經驗中獲取很多教訓。」可以說，中國經濟的迅猛發展，不僅帶動鄰國經濟或者說亞洲經濟的騰飛，同時也為那些同樣處於貧窮或發展中的國家提供了一個可以借鑑的發展模式。

一九七九年改革開放之初，中國既沒有延續過去的僵化體制，也沒有按照「華盛頓共識」採取休克療法。中國採取了「雙軌制」的漸進轉型策略。中國從自身的要素稟賦結構、比較優勢和自生能力出發，發揮政府的「因勢利導」作用，實現了持續增長。中國發展的根本經驗是解放思想、實事求是。中國人解放自己的傳統慣性思想和西方流行理論的束縛，不故步自封，也不迷信權威，而是實事求是地根據自己國家的現實，分析問題，了解深層的因果關係，獨立探索實踐、獨立建構理論。著名經濟學家，前世界銀行首席經濟學家、副行長林毅夫總結指出：「發展中國家取得傑出增長表現的秘訣是利用後發優勢，興辦與本國要素稟賦類似的國家曾發展迅速的那些產業。通過有選擇地認

真學習先進國家，後來者可以成功地模仿十八世紀以來已讓多個後進國家順利實現趕超的『雁陣模式』。」

中國經濟在取得成功的同時，依然存在問題。中國經濟處在增長速度換擋期、結構調整陣痛期疊加階段，面臨著跨越「中等收入陷阱」的嚴峻考驗，發展中不平衡、不協調、不可持續問題依然突出，一些領域的潛在風險仍然較大，原有的經濟發展方式難以為繼。國民收入不平等及城鄉差距擴大、資源利用低效及環境惡化、外部失衡及貨幣不穩定、腐敗和教育等問題比較突出。為此，二〇一三年十一月《中共中央關於全面深化改革若干重大問題的決定》提出，尊重市場規律，充分發揮市場在資源配置中的決定性作用；全面實行科學管理，更好發揮政府作用；加強協調配合，發揮好政府和市場「兩隻手」的作用。

中國順利實現現代化轉型，對於世界其他發展中國家和欠發達國家具有重要參考、借鑑意義。從長期看，中國仍將是世界上最大的發展中國家。中國面臨傳統和現代、國內和國際多重因素交織、衝突的複雜局面。實現中國夢的過程中，中國的經濟、政治、社會、文化、生態文明建設「五位一體」統籌協調發展戰略與「和平發展」國際戰略實踐，能夠為其他國家提供有益的經濟、社會發展經驗——既包括成功的經驗，也包括失敗的教訓。這將是中國作為發展中國家、欠發達國家「領頭雁」，通過勇敢探索和不屈奮鬥，為其他兄弟國家作出的最具根本價值的貢獻。

二、實現中國夢是對人類社會國際秩序的新貢獻

（一）自我復興之夢——「中國夢」不會對世界產生威脅

中國在歷史上曾經通過朝貢制度的方式長期主導著東亞地區的國際體系。朝貢制度是與世界其他地方截然不同的一種地區秩序安排，其思想基礎與中國儒家文化思想基礎相通。《中庸》中提出：「柔遠人則四方歸之，懷諸侯則天下畏之。」「送往迎來，嘉善而矜不能，所以柔遠人也；繼絕世，舉廢國，治亂持危，朝聘以時，厚往而薄來，所以懷諸侯也。」雖然朝貢制度以周邊國家對中國的朝貢義務為基礎，但中國並不以武力征服作為基礎，也並不對進貢國進行統治與掠奪，中國維持朝貢制度的主要手段是政治經濟上的絕對優勢地

二〇一二年，中美兩軍人道主義救援減災聯合室內推演在成都軍區某訓練基地舉行。

位，與文化道德上的榜樣作用，從而保證了朝貢制度下中國與其他國家間互不侵略、互不干涉的和平互利屬性。

儘管一八四〇年的鴉片戰爭使中國被動地捲入了西方主導的全球性國際體系之中，並與西方列強進行了長期堅苦卓絕的鬥爭，但中國從來沒有放棄互不侵略、互不干涉的和平互利屬性，特別是新中國成立後，黨和國家很快就確立處理國與國之間關係的「和平共處五項原則」，長期以來始終不渝地堅持走和平發展的道路。

習近平總書記在「實現中國夢必須走中國道路」的講話中強調「中國人民愛好和平」，這絕不是一句空話、套話。西方社會通過對西方歷史的概觀、分析，得出了若干關於霸權興衰的理論，這些理論絕大多數都是基於西方的歷史經驗而得，甚至在多數時候僅僅基於歐洲的歷史。歐洲的歷史，尤其是近代史，是一部複雜的權力爭奪史。在常年累月的戰爭與重建中，近代歐洲孕育出民族、國家、國際法等概念，呼籲國家的獨立與平等，但最終確定國家利益的還是權力。與之相反的是，古代中國的世界觀和政治倫理觀雖然都以中國為中心，缺乏國家間政治平等的概念，但中國並不過多干預周邊國家的內部事務，並不對周邊國家進行統治和掠奪。這種對比足以證明，西方的歷史經驗並不能覆蓋所有可能性。

中國在和平發展的道路上已經取得巨大成功。在飛速發展的三十多年間，中國從未依靠對其他國家進行掠奪和壓榨，而完全是依靠本民族強大的民族精神和內聚力量、吃苦耐勞的傳統美德獲得了今天的成就和地位。儘管如此，外界對中國的形象和發展道路依然存在著諸多的誤讀，「中國夢」的提出將為世界人民更真切地了解中國提供一個窗口。

現代「中國夢」的本質是國家富強、民族振興、人民幸福。中國人民和中國領導人深知，歷史經驗和當前現實已反覆證明，擴張主義的道路走不通，只

會給本國人民和世界人民帶來災難和痛苦。德意日法西斯侵略擴張的慘敗、西方殖民帝國的土崩瓦解、超級大國蘇聯的突然崩潰，乃至超級大國深陷阿富汗泥潭的事實，都是鮮明的例子。為了中國人民的福祉，中國不會走上侵略擴張之路，因為這不僅無助於實現中國夢，反而會延誤中國夢的最終實現，有百害而無一利。

「中國夢」的提出是中國新一代領導人對中華民族偉大復興的全方位認知。一個健康發展的大國，其成功之處不僅體現在經濟強大、軍事領先等物質層面，也體現在穩定的價值觀念、政治構架，豐富的文化傳統等非物質層面。事實上，中國在對外交往的歷史中非常善於運用非物質、非軍事手段的軟實力，善於以博大的文化、深厚的思想、穩固的政治體制等帶來的巨大影響力與威懾力，以及貿易通商等和平的方式達到與周邊國家和平共處的目的。

歷史上的「美國夢」成功地向全世界宣傳了美國文化與美國精神，成為美國對其他國家人民的吸引力，以及美國在國際事務上的領導力的來源之一。中國借由「中國夢」向全世界人民表達：中國夢是中華民族復興之夢，同時也是和平發展之夢，合作共贏之夢，而絕非侵略擴張之夢。

對世界各國來說，中國夢是機遇而非威脅，是福而非禍。習近平總書記對國際媒體明確表示：中國始終不渝走和平發展道路，始終不渝奉行互利共贏的開放戰略，不僅致力於中國自身發展，也強調對世界的責任和貢獻；不僅造福中國人民，而且造福世界人民。實現中國夢給世界帶來的是和平，不是動盪；是機遇，不是威脅。換言之，和平發展道路既是中國人民和領導人的莊嚴承諾，也是實現偉大中國夢的客觀前提條件，不走和平發展道路而走擴張主義道路，中國夢就無法實現。

（二）承擔大國責任——「中國夢」有利於國際社會發展

近年來，中國在國際社會以及各種國際規範之中表現得更加靈活、更加積極，中國勇於承擔更多的責任與義務，並在國際格局中發揮了更重要的參與和塑造作用。

第一，中國積極提升國際秩序的外交參與度。

二十世紀七〇年代以來，伴隨著中國恢復在聯合國的席位，與美國關係的解凍，改革開放後的快速發展，睦鄰友好政策的提出等一系列外交上的積極變化，中國在國際秩序建設中的參與度逐步提升。進入二十一世紀，中國的迅速發展舉世矚目。中國在一系列重要的國際熱點問題上持有的觀點，在聯合國等重要機制中的地位越來越受到重視。

二〇一三年初，中國完成了新老領導人的順利交接，新一代領導人在外交上表現出站位高遠、條理清晰、穩健務實的風格。二〇一三年一月，習近平在中央政治局的集體學習上強調，要實現中華民族偉大復興的「中國夢」的奮鬥目標，就必須有和平的國際環境，中國將「堅定不移做和平發展的實踐者、共同發展的推動者、多邊貿易體制的維護者、全球經濟治理的參與者」。可以認為，當今世界上任何主要國際機制如果沒有中國的參與，其意義必將大打折扣。

第二，「中國夢」是發展中國家的共同夢想。

「中國夢」是中華民族復興之夢。在現階段，「中國夢」還是一個發展中國家的發展夢。「中國夢」凸顯了廣大發展中國家的共同夢想，也為中國與之關係的進一步加強奠定了基礎。重視與發展中國家的關係，是中國一貫的外交傳統，從金磚四國，到上合組織，到中國與非洲、南美洲、加勒比地區關係的蓬勃發展，為雙方帶去了雙贏的成果。首先，中國改革開放三十多年來，經歷

了艱苦的努力、卓絕的創新、大膽的嘗試，中國的發展路徑為探索中的各國帶去了激勵與可資借鑑的經驗。其次，作為世界上最大的發展中國家，中國在不同的國際舞台上為捍衛發展中國家的權益而努力，如：中國在二十國集團和「77 國集團＋中國」等多邊機制中發揮重要作用，在世界貿易組織多哈會議上、在聯合國氣候變化大會上等重要國際場合中代表發展中國家利益與發達國家進行談判。最後，中國的發展夢不是單獨的存在，是與發展中國家相互扶持、共同進步的發展夢。二〇一一年，中國與美歐國家之間的貿易總額大約是10139 億美元，與東盟、中東、非洲、拉美國家以及上海合作組織成員國的貿易總額約為 10937 億美元。中國的對外投資開始流向發展中國家市場，而後者也成為中國能源、資源進口的重要保障。「中國夢」不僅為中國，也為非洲、拉美等地提供機遇。二〇一三年三月，習近平在就任國家主席一週後，啟動了首次出訪，前往俄羅斯和非洲三國，參加「金磚國家」領導人第五次會晤。在

二〇一三年八月二十九日，中國──東盟特別外長會在北京舉行。

坦桑尼亞尼雷爾國際會議中心的演講中，習近平提出了中國夢、非洲夢、世界夢——十三億多中國人民正致力於實現中華民族偉大復興的中國夢，十億多非洲人民正致力於實現聯合自強、發展振興的非洲夢，中非應同國際社會一起，推動實現持久和平、共同繁榮的世界夢。

第三，「中國夢」有利於周邊地區的和諧穩定。

實現中國夢，必然需要穩定的地區環境，具體包括台海地區的穩定和中國周邊地區的穩定。鞏固與台灣同胞的團結，是實現中國夢的四個必須之一，即凝聚中國力量、實現中國各族人民大團結的必然內涵。實現中國夢的過程必將進一步推動兩岸和平發展，有效化解兩岸衝突風險，並由此消解亞太三大熱點之一的台海地區的衝突風險。這對兩岸人民以及亞太地區都有重大的積極意義。

在二〇一三年末舉行的周邊外交工作座談會上，秉承中國夢想的中國宣布將堅持睦鄰、安鄰、富鄰，並提出了更全面的周邊外交理念，即親、誠、惠、容。這一理念全面概括了中國在發展國家關係方面的新設想，必將促進中國與周邊國家深化互利合作，促進地區穩定。

「親」指的是要鞏固地緣相近、人緣相親的友好情誼。換言之，就是加強政府和民間的全方位交往，鞏固情誼。

「誠」是指堅持以誠待人、以信取人的相處之道，也就是要相互信守承諾，深化各方互信。

「惠」是指履行惠及周邊、互利共贏的合作理念。中國周邊以發展中國家居多，發展水平普遍落後於中國，國內也存在這樣或那樣的問題。中國在經濟發展領域取得了一定的領先成就，同時也願意與周邊國家共享中國的發展成果，促進整個周邊地區的繁榮、發展與穩定。中國深知，解放生產力、發展經

濟、改善人民生活是長治久安的必然前提條件，也願意與周邊國家加深經濟合作，促進其經濟發展，最終推動地區局勢和平穩定，長治久安。從長遠來說，這完全符合中國自身和周邊國家的最高利益。

「容」是指展示開放包容、求同存異的大國胸懷。中國與周邊不少國家國情不同，發展階段不同，政策也存在分歧，但中國是一個負責任的大國，秉持開放包容的理念，求同存異的外交風格，樂於與相關國家發展互利合作，積極推動地區熱點降溫，堅持以友好磋商的方式解決爭端。中國負責任的姿態將為地區穩定發揮不可替代的積極作用。

第四，「中國夢」是世界價值體系的有益補充。

當前國際社會的主流價值產生於西方近代以來的歷史。在這段歷史中，西方與中國一直處於互不相干或者侵略與被侵略的關係，在西方主流價值成形的過程中，幾乎看不到來自東方文化的影響。中華文明自古以來自成體系，擁有穩定、成熟的價值觀念，如中庸精神與和平主義。這些價值觀念依然在中國社會的發展中起到重要作用，如改革開放以來的發展主義觀點，強調發展才是硬道理，有發展才會有穩定。在這樣的價值觀念影響下，中國非常樂於看到其他國家的發展，樂於共同維護國際社會的穩定。

「中國夢」的提出將進一步向全世界闡釋中國的價值觀念，讓習慣西方思維的社會和人民看到東方，關注東方精神，讓東方的歷史、思想、哲學成為世界知識體系的一部分。「中國夢」倡導更加包容的國際社會，反對將一己價值觀念強加在其他國家身上，提倡各種文化之間的交流與理解。

(三)與世界共享──「中國夢」推動建設和諧美好世界

中國夢不僅是中國的夢想，也是世界的夢想。中國願將自己的夢想與世界

人民共享，從而推動建設一個更和諧、更美好的世界。在追尋中國夢想的工程中，中國首先要堅持對外開放，要繼續深化與世界的人員交往、科技交往和文化交往，從而推動中心文明對話乃至世界各文明的對話，一方面維護人類文明的多樣性，另一方面促進人類共享文明的塑造。

實現「中國夢」，中國必將進一步轉換經濟增長方式，這將為世界各國帶來更多的經濟發展機遇。最近召開的十八屆三中全會對全面深化改革作出了重大部署，凸顯了中國政府轉變經濟增長方式的堅定決心。

中國的目標是，從更多地依賴國外市場轉變為更多地依靠國內市場，從以簡單製成品的生產為主轉變為以中高端產品生產為主。由此產生的影響，第一將是中國大幅加大初級乃至中級產品進口力度，這對廣大發展中國家非常有利，對面臨失業挑戰的發達國家也是商機。第二是加大技術引進力度，推動產能升級換代，發達國家和技術先進國家在這一領域享有重大優勢。第三是加大對外投資和產業轉移力度，具備投資條件和產業承接能力的國家將由此獲得巨大利益。第四是加大國內不具備生產優勢的高技術產品和高附加值產品進口，這對廣大發達國家是非常有利的。由此可見，中國轉變經濟增長方式必然拉動世界經濟發展，成為各國的共同「福音」。在當前世界經濟低迷，各國增長普遍乏力的背景下，中國夢所催生的國際經濟合作商機更具備了突出的現實意義，必將成為推動世界經濟復甦的重要推手。

近年來，中國在推動國際合作，積極應對氣候變化、環境、貧困、難民、海盜等全球性問題方面同樣發揮了不可替代的積極作用。中國一向倡導通過對話、溝通化解國際社會中的矛盾，積極參與並發起地區性的和全球性的多邊機制建設，如上合組織、中非合作論壇、博鰲亞洲論壇等。中國在多邊機制中呼籲平等協商精神，注重各國之間的共同發展、共同繁榮。二〇一二年九月二十日，聯合國官員羅黛琳在深圳出席「國際和平日」紀念活動發布會時表示：

「在過去這些年裡，中國總共派出了超過二萬名維和人員在世界範圍內參與了三十多項聯合國維和行動，聯合國非常感謝中國對於聯合國維和行動的支持。」

伴隨「中國夢」的提出，新一屆領導人非常注重與各地區國家建立深層合作關係。二〇一三年三月，習近平訪問非洲時表示，中國將繼續為非洲發展提供應有的、不附加任何政治條件的幫助；同月，習近平在莫斯科國際關係學院發表重要演講，強調中俄建立以合作共贏為核心的新型國際關係；九月，習近平在哈薩克斯坦訪問時提出共建「絲綢之路經濟帶」；十月，習近平訪印度尼西亞時提出與東盟國家加強海上合作，共同建設二十一世紀「海上絲綢之路」。二〇一三年五月，李克強訪問印度時與印度共同倡議建設「孟中印緬經濟走廊」，推動中印兩個大市場緊密連接；同月訪問巴基斯坦時提出建設「中巴經濟走廊」，加強中巴之間交通、能源、海洋等領域的交流與合作，促進兩國共同發展。不難看出，中國領導人始終將互利合作、共生共贏的雙邊乃至多邊關係放在外交工作的突出位置，將中國的發展置於與其他國家共同發展的框架之中，最終建成利益相連、民心相通的命運共同體。我們完全有理由說，中國夢與周邊國家夢想「互聯互通」。

中國夢是自我復興之夢，不是擴張的迷夢。秉持夢想的中國樂於承擔大國責任，致力於維護並增進地區穩定。中國夢將與世界共享，從而推動建設和諧世界。從這個意義來說，中國夢也是世界的夢想，和平的夢想，發展的夢想，順應時代潮流，必將成為世界人民共同追求的有機組成部分，為世界持久和平和共同繁榮的劃時代事業起到巨大的推動作用。

三、實現中國夢是對人類社會文明進步的新貢獻

（一）實現中國夢將極大促進人類社會物質文明的發展

中國是一個歷史悠久的偉大國家。世界幾大古代文明，只有中華文明歷數千年沒有中斷而一直綿延到現代。在十九世紀以前漫長的歲月中，中國古代文明一直居於世界前列，勤勞智慧的中國古代勞動人民為全世界留下了燦爛悠久的文明遺產。遠古時代，中國大地就發生了「綠色革命」——成功栽培粟、黍、稻三大穀物。古代中國的瓷器和絲綢舉世聞名。中華民族在哲學、政治思想、軍事學、歷史學、文學藝術、科技發明、水利工程、天文曆法、數學、醫藥學、建築學、地理學等自然科學、社會科學、文學藝術的各個專業、門類都寫下了光輝篇章。

十七世紀以前，中國的技術一直處於全世界領先水平。英國哲學家弗蘭西斯・培根曾說，有三項技術讓歐洲走出黑暗時代——火藥、指南針以及紙張和印刷術。這三項技術都是中國發明的。馬克思將之稱為「資產階級發展的必要前提」。英國著名科技史學家、漢學家李約瑟指出，「人類歷史上的一些很基本的技術都是在中國生長起來的，中國在科學技術史上曾經起過從來沒有被認識到的巨大作用。」他稱讚中國是「發現和發明的國度」。

新中國建立以來，特別是改革開放以來，中國人民努力恢復以往的物質文明輝煌。中國大力推進物質文明建設。進入新世紀，中國朝著創新型國家方向發展。近幾年來，中國在載人航天、探月工程、載人深潛、超級計算機、高速鐵路等領域實現重大突破。這些物質文明成果為人類探索未知領域、攀登科學高峰、改善生活和工作條件作出巨大貢獻。在促進人類社會物質文明發展的過程中，中國還創造性地進行生態文明建設。中國人民已經強烈認識到建設生態文明是關係人民福祉、關乎民族未來的長遠大計。中國人將明確樹立尊重自

然、順應自然、保護自然的生態文明理念，把生態文明建設放在突出地位，融入經濟建設、政治建設、文化建設、社會建設各方面和全過程，努力建設美麗中國，實現中華民族永續發展。中國將堅持節約資源和保護環境的基本國策，堅持節約優先、保護優先、自然恢復為主的方針，著力推進綠色發展、循環發展、低碳發展，形成節約資源和保護環境的空間格局、產業結構、生產方式、生活方式，從源頭上扭轉生態環境惡化趨勢，為人民創造良好生產生活環境，為全球生態安全作出新的貢獻。

（二）實現中國夢將極大促進人類社會精神文明的發展

進入新世紀，全球生態環境持續惡化，不可再生資源和能源日益短缺，物種大量滅絕，水資源越來越匱乏，氣候異常加劇，自然災害頻繁發生，空氣質量加速惡化，新的致命性傳染病接連爆發；人口爆炸、金融與貨幣危機不斷發酵，世界經濟持續低迷；恐怖與暴力橫行；人類的精神價值與方向出現迷失。人類陷入空前嚴重的危機當中，人類的生存與幸福面臨巨大挑戰。

除此之外，人類還處在嚴重的精神危機當中。這一精神危機直接損害人類的身心健康。英國臨床心理學家奧利弗·詹姆斯在其著作《富裕病》一書中指出，精神疾病和新自由資本主義環境下產生的社會不平等有著直接關聯。詹姆斯特別指出，核心工業化國家人們情緒苦悶主要是由「過於注重金錢、財產、外表和名聲」的「物質主義」造成的。美國諾克斯學院心理學教授提姆·凱瑟的研究成果證實，「高度追求物質價值的人比那些認為物質價值相對不重要的人，有較差的身體和心理健康水平。它們之間的關係已經由從富人到窮人、從青少年到老年、從澳大利亞到韓國進行的抽樣調查結論所證明。」

學者將上述現象歸結為現代性危機。現代性危機的根本原因是人類在發展過程中出現價值觀偏差和方法論缺失。價值觀偏差是指：人類自身選擇了錯誤

的價值觀和世界觀——狂妄自大的人類中心主義將人視為宇宙萬物的中心或最高主宰。物質至上、利益至上的價值觀和世界觀，導致人類對自然界的肆意掠奪和破壞。人類將自然看作可以任意主宰、隨心所欲操控的對象和客體。二百年來，從這一被合法化了的並被不斷強化的物質主義——機械論世界觀，發展出不可持續的現代工業文明。方法論缺失是指：源自西方哲學傳統的分析方法和還原論對於認識、改造客觀世界的極大和極小事物取得了偉大成就，但在對於接近人類自身尺度的複雜問題時，卻束手無策。還原論在許多複雜現象、複雜問題面前止步不前。比如，天氣和氣候問題；生物及其疾病現象；人類社會的經濟、政治和文化活動；現代科技與通訊網絡的發展和影響；人類大腦本質以及人工智能前景，等等。對於非線性、複雜性問題，混沌理論、系統生物學、進化經濟學和網絡理論等系統哲學、系統科學方法的解釋能力遠遠超過了還原論。

中國正在快速工業化，以上提到的現代性危機在中國的大地上開始一樣出現。中國夢是超越之夢，中國人民要避免落入危機陷阱，就必須尋找新的價值觀和方法論，努力走出一條超越西方的發展之路。中國夢是物質文明和精神文明的統一。「夢想」具有精神性。復興中華文明、建設先進文明是中國夢的最終目的。實現中國夢意味著中國將以從容的心態、博大的胸懷面對世界，繼續完成「現代啟蒙未竟的事業」；意味著中國將重拾自信，以尊重、珍惜的眼光，挖掘傳統文化中的核心價值和終極關懷內容，呵護、傳遞中華文化的智慧之火；意味著中國將努力構建人與自然和諧相處的全新生態文明。實現中國夢，從精神層面來講，就是復興中國人傳統價值、信仰、道德、理想、文化藝術等一切合理文明因素當中的優秀部分，為人類自我修正和豐富既有的價值觀、方法論作出應有的貢獻。

實現中國夢、應對現代性危機的精神資源之一，就是回歸、重拾中國傳統文化中的有價值部分。中華民族是一個希求德性生活的民族。傳統中國人在童

年時期熟讀《弟子規》，系統接受「信」（講信用）、「泛愛眾」（友愛他人）、「親仁」（親近有道德的人）等的道德教育。中國傳統儒、釋、道典籍和思想當中，蘊藏著深邃的社會存在哲學和人與自然關係哲學；古代中國人信奉「仁者愛人」「天人合一」，以「朝聞道，夕死可矣」的精神理想追慕大自然和社會的真理。中國哲學在古代和近現代給世界其他文明以啟發和幫助。孔子、孟子、老子、莊子思想曾經對歐洲啟蒙運動、法國大革命和德國哲學革命以及西方民眾的日常生活起到過不同程度的影響。創作《瓦爾登湖》的著名美國作家、哲學家梭羅曾吸收、借鑑中國的古典思想和傳統哲學，從而建立自己的哲學體系。中國傳統儒家提倡「仁者愛人」「天人合一」；傳統佛家提倡「眾生平等」「無緣大慈、同體大悲」；傳統道家提倡「道法自然」「知足常樂」「見素抱朴，少私寡慾」，等等。這些思想對於人性、物慾具有警示和批判作用，曾被視為資本主義發展的不利、阻礙因素。然而時至今日，這些古典哲學或許能夠成為治療人類現代性文明疾病的精神良藥，可以用來修正當代人的價值觀偏差。

中國傳統文化當中存在大量的系統哲學思想和樸素的系統科學理念。比如，中國古代的陰陽八卦與《周易》、陰陽五行說和《黃帝內經》、道家學說、宋明理學、《孫子兵法》，等等。「都江堰工程」和「群爐匯鑄技術」作為中國古代的系統科學和系統工程實踐，被視為人類奇蹟。中國傳統文化奉從「天人合一」的宇宙整體觀，認為主體和客體是統一的，人是宇宙的一部分，重視事物系統的整體研究，強調從宏觀上認識事物。以中國傳統文化為代表的側重整體的系統性思維和以西方文化為代表的側重分析的還原論體系之間，存在強大的互補作用。比利時物理化學家和理論物理學家普里高津在《從混沌到有序》中評價說，「中國文明對人類、社會和自然之間的關係有著深刻的理解……中國的思想對於那些想擴大西方科學範圍和意義的哲學家和科學家來說，始終是個啟迪的源泉。」

世界著名經濟學家、諾貝爾經濟學獎獲得者羅納德‧哈里‧科斯和他的合作者王寧在《變革中國——市場經濟的中國之路》一書中提到：「一個生機勃勃的思想市場不僅是取得學術成就的必要條件，也是一個開放社會與自由經濟不可或缺的道德與知識的基石；如果沒有思想市場，人類智慧的偉大多樣性也會枯萎。」「思想市場的發展將會讓知識與創新引導中國的經濟發展。」「更為重要的是，這會使中國在同多樣的現代社會融合的過程中實現傳統文化復興。那時，中國將不僅僅是全球的生產中心，也是創造力與創新的源泉。」把科斯的「思想市場」理論回贈世界：可以肯定，新世紀中國傳統文化的復興，必將是人類智慧偉大多樣性得到有效保護和充分實現的一個積極例證。

　　中國古典思想、傳統哲學當中有價值部分的復興，將有助於當代人類從遠古獲得新啟發，就像十四世紀初到十七世紀初的西方文藝復興運動。中國的古典思想和傳統哲學是全人類的共同遺產。中國傳統文化的復興，不僅僅是中國人的事業，也是全人類的事業。復興中華文明是一項艱巨、複雜的系統工程，中國需要並且歡迎世界各國追求真、善、美，對中國文化、中國人民抱有興趣和好感的所有人的幫助和努力。

（三）實現中國夢將喚起其他文明復興、實現共同繁榮

　　中國反對「文明衝突論」，認為文明只有相對差異，沒有絕對矛盾。那種「未來世界國際衝突的根源將主要是文明的衝突」，「全球政治的主要衝突將在不同文明的國家和集團之間進行」，「文明的衝突將主宰全球政治」的理論和觀點是錯誤的，也是危險的，這將把人類帶入真實的誤區。二十一世紀人類面臨的最大風險是各種各樣的現代性危機及其可能帶來的人類社會整體崩潰，以及一個國家或地區的經濟、政治、社會、文化、生態環境條件崩潰給周邊和世界帶來的連鎖反應。在全球化時代，世界各個國家、各個組織，地球上的每個個體的安全與發展利益已經前所未有地被連接在一起，成為命運共同體。

當今世界正在發生深刻複雜變化，和平與發展仍然是時代主題。人類當前面臨的挑戰是：國際金融危機影響深遠，世界經濟增長不穩定不確定因素增多，全球發展不平衡加劇，霸權主義、強權政治和新干涉主義有所上升，局部動盪頻繁發生，糧食安全、能源資源安全、網絡安全等全球性問題更加突出。人類面臨的機遇是：世界多極化、經濟全球化深入發展，文化多樣化、社會信息化持續推進，科技革命孕育新突破，全球合作向多層次全方位拓展，新興市場國家和發展中國家整體實力增強，國際力量對比朝著有利於維護世界和平方向發展，保持國際形勢總體穩定具備更多有利條件。

　　在實現中國夢的過程中，中國主張在國際關係中弘揚平等互信、包容互鑑、合作共贏的精神，共同維護國際公平正義。中國將繼續高舉和平、發展、合作、共贏的旗幟，堅定不移致力於維護世界和平、促進共同發展。中國堅持

中國和巴西合作生產的首架五十座級 **ERJ145** 噴氣式支線客機下線慶典

在和平共處五項原則基礎上全面發展同各國的友好合作：將改善和發展同發達國家關係，拓寬合作領域，妥善處理分歧，推動建立長期穩定健康發展的新型大國關係。將堅持與鄰為善、以鄰為伴，鞏固睦鄰友好，深化互利合作，努力使自身發展更好惠及周邊國家；堅持睦鄰、安鄰、富鄰，突出體現親、誠、惠、容的理念。將加強同廣大發展中國家的團結合作，共同維護發展中國家正當權益，支持擴大發展中國家在國際事務中的代表性和發言權，永遠做發展中國家的可靠朋友和真誠夥伴。將積極參與多邊事務，支持聯合國、二十國集團、上海合作組織、金磚國家等發揮積極作用，推動國際秩序和國際體系朝著公正合理的方向發展。

從上述外交理念、目標和方針來看，中國夢是和平、發展、合作、共贏之夢。中國夢不是一味講求對立和博弈的具有獨占性和排他性的現實主義之夢；中國夢是具有現實支撐的，追求合作和共贏的理想主義、道德主義之夢。中國既不會挑戰、傷害現有的先進文明，也不會歧視、欺壓落後文明。中國願意推動不同文明之間的交流對話；致力於尊重文明的多樣性、發展道路的多元化；鼓勵不同文明彼此包容互鑑，共同為人類進步事業作出自己的貢獻。中國願意將自己的發展經驗和外交哲學與世界各國分享，通過實現中國夢，喚起世界其他文明的美好夢想；幫助日本文明、印度文明、伊斯蘭文明、西方文明、東正教文明、拉美文明、非洲文明等世界存在的各種文明實現復興或保持繁榮，同時學習其他文明當中的一切有價值部分。中國人將通過自己的莊嚴承諾和不懈努力，向世界證明和推廣中國已故著名社會學家費孝通十六字箴言——「各美其美、美人之美、美美與共、天下大同」。

作者劉德喜，中共中央黨校國際戰略研究所教授、博士生導師。
其他兩位作者是：朱宇凡，
中共中央黨校博士；黃任望，國家海洋局海監總隊環保執法處副處長
兼應急辦公室副主任。

外交新理念與中國周邊外交創新局

張清敏

中國與世界關係的變化，首先反映在與鄰國關係的變化上。中國能否繼續與鄰國和睦相處，對中國與世界關係的走向起著至關重要的作用。新中國成立以來，中國與周邊國家的關係取得了舉世矚目的成就。中國共產黨的十八大以來，以習近平為總書記的黨中央繼往開來，提出了發展與周邊國家關係的新理念，形成了與周邊國家關係的新局面。

一、中國與周邊國家的關係走過了輝煌的歷程

無論從地理方位、自然環境還是相互關係看，周邊對中國都具有極為重要的戰略意義。中國與周邊鄰國被西方侵略的歷史經驗表明，周邊與中國的關係可謂「唇亡齒寒」；中國從與周邊國家發展睦鄰友好關係中得到的切身體會是，「遠親不如近鄰」。堅持睦鄰友好的周邊外交是中國政府堅定不移的立場；把周邊作為外交優先方向，塑造一個更加和平穩定、發展繁榮的周邊環境，是中國政府現實政策。

中國是世界四大文明古國之一，在歷史上創造了燦爛輝煌的文明，在與周邊民族和國家的關係中，形成了以中華文化為核心、以道義為基礎的和諧關係，史稱「華夷秩序」。

十九世紀，西方列強利用砲艦侵占和殖民中國周邊鄰國，並以此為基地對中國進行侵略和滲透。周邊地區成為西方國家入侵中國的跳板。在遭受了一次

次侵略戰爭後，中國最終也淪為半殖民地半封建國家。歷史經驗表明，唇亡齒寒，戶破堂危，周邊地區的安全與穩定，與中國自身的安全與穩定密切相關。中國一直關注中國周邊地區的安全與穩定。

新中國成立前後，大部分鄰國也擺脫西方列強殖民統治獲得獨立，中國與周邊鄰國之間的關係進入一個新的階段。以毛澤東同志為核心的黨的第一代中央領導集體，對大國從中國周邊地區對中國的政治孤立、軍事「遏制」和經濟封鎖進行了堅決的鬥爭，堅定地維護中國的領土主權完整。與此同時，新中國積極改善周邊環境。在與鄰國解決歷史遺留問題的過程中，周恩來總理提出「互相尊重主權和領土完整、互不侵犯、互不干涉內政、平等互利和和平共處」的五項原則，得到印度、緬甸等鄰國方面的贊同，並共同向世界各國倡議這一原則。

改革開放後，以鄧小平同志為核心的黨的第二代中央領導集體，根據形勢的變化，調整內外政策，在實現國內工作重心轉移的同時，提出外交工作的核心任務就是為中國國內經濟建設創造良好的國際環境，特別是周邊環境，積極發展與周邊國家的睦鄰友好關係，鞏固了與周邊傳統友好國家間的友誼。隨著與大國逐步改善關係，中國與蒙古、越南、印度等周邊國家的關係也得到逐步改善。

以江澤民同志為核心的黨的第三代中央領導集體，在發展與周邊國家關係中提出了「互信、互利、平等、協作」為核心的新安全觀，與俄羅斯、哈薩克斯坦、吉爾吉斯斯坦和塔吉克斯坦四國一起，於二〇〇一年成立了上海合作組織。在一九九七年東南亞金融危機期間，中國政府保持人民幣不貶值，並向遭受危機打擊的國家伸出援助之手，贏得了周邊國家的信任。在應對危機過程中形成了 10+1（東盟十國加中國）和 10+3（東盟加中、日、韓）合作機制。在政治上，中國通過參與東盟地區論壇（ARF），增加了與東盟國家之間的信

在廣西東興口岸，一輛越南貨車正將中國出口的物資運回越南。

任，通過論壇框架內的多邊對話與合作，達成了一些具有具體內容的協議。從一九九六年開始，中國先後同印度、巴基斯坦、尼泊爾、東盟達成協議，建立了不同形式的夥伴關係。

進入新世紀以來，以胡錦濤同志為總書記的黨中央，高度重視周邊外交，提出了「安鄰、睦鄰、富鄰」思想，積極落實「與鄰為善，以鄰為伴」的政策，通過 10+3 和 10+1 合作框架，有力地推動了中國與東盟經濟貿易關係的發展。二〇〇二年中國和東盟簽署《中國與東盟全面經濟合作框架協議》，二〇〇九年中國成為東盟最大的貿易夥伴。二〇一〇年中國與東盟自由貿易區成立，成為世界上最大的發展中國家自貿區。

二〇〇三年，朝鮮半島因為核問題陷入危機後，中國派出特使展開穿梭外

交，積極斡旋，促成朝、美、韓、日、俄、中六方會談，確定了朝鮮半島無核化的目標，以及通過對話以和平方式解決朝核問題的途徑，避免了朝鮮半島核問題失控，為地區和平作出了貢獻，也維護了東北亞地區的安全環境。中國同南亞國家，特別同印度、巴基斯坦之間領導人互訪不斷，推動了中印關係的改善和中巴傳統友誼的鞏固。中國同周邊國家的睦鄰友好和務實合作，化解熱點，參與或促成一些多邊機制，營造了一個和平穩定、平等互信、合作共贏的周邊環境，創造了中國與周邊國家關係的歷史最好時期。

二、以高層互訪謀全方位周邊外交布局

中國共產黨第十八次全國代表大會的政治報告指出，「統籌雙邊、多邊、區域次區域開放合作，加快實施自由貿易區戰略，推動同周邊國家互聯互通。」以習近平為總書記的黨中央在保持外交大政方針延續性和穩定性的基礎上，高瞻遠矚，總攬全局，通過一系列重大外交行動，將大國、周邊、發展中國家、多邊等工作密切結合，綜合施策，推動了與各方關係的全面發展。在運籌外交全局中，突出周邊在發展大局和外交全局中的重要作用，開展了一系列重大外交活動，通過高層互訪，深化與周邊國家之間的合作，形成了全方位的周邊外交布局。

中國與俄羅斯關係是中國周邊外交的成功典範。經過雙方二十多年不懈努力，兩國建立起全面戰略協作夥伴關係。二〇一二年中俄貿易額達到八百八十二億美元，人員交流達到三百三十萬人次，給兩國人民帶來了實實在在的好處，反映出中俄關係的巨大發展潛力和廣闊發展前景。二〇一三年三月，習近平擔任國家主席後首次出訪，選擇了鄰國俄羅斯。九月，習近平再訪俄羅斯，參加在俄羅斯聖彼得堡舉行的二十國集團領導人第八次峰會。二〇一三年，習近平主席和普京總統還在其他多邊場合三次見面或會晤。通過高層互訪，夯實

了中俄全面戰略協作夥伴關係基礎，加強了中俄經貿、能源和戰略安全合作。

二〇一三年九月，習近平主席出席在吉爾吉斯斯坦比什凱克舉行的上海合作組織成員國元首理事會第十三次會議，並對土庫曼斯坦、哈薩克斯坦、烏茲別克斯坦和吉爾吉斯斯坦進行了國事訪問。習近平在哈薩克斯坦納扎爾巴耶夫大學發表題為《弘揚人民友誼　共創美好未來》的重要演講，提出了共同建設「絲綢之路經濟帶」的藍圖，以推動歐亞各國經濟聯繫更加緊密、相互合作更加深入。他提出，通過加強政策溝通、道路聯通、貿易暢通、貨幣流通、民心相通的新型模式，以點帶面，從線到片，逐步形成區域大合作。

二〇一三年十月，習近平主席參加在印度尼西亞舉辦的 APEC 非正式首腦會議，並對印度尼西亞和馬來西亞進行國事訪問。在訪問印度尼西亞期間，習近平提出，擴大同東盟國家各領域務實合作，互通有無、優勢互補，同東盟國

當地時間二〇一三年十二月三十日，第十二屆「中韓財政部長會議」在韓國首爾舉行。

家共享機遇、共迎挑戰,實現共同發展、共同繁榮,共同建設二十一世紀「海上絲綢之路」的思路。

李克強擔任總理後的首次出訪,又選擇了鄰國——第二人口大國印度和傳統友好鄰邦巴基斯坦,與兩國領導人就深化中國與兩國之間戰略合作達成廣泛共識。二〇一三年十月,李克強總理出席在文萊舉行的第十六次中國——東盟領導人會議、第十六次東盟與中日韓領導人會議和第八屆東亞峰會,並對文萊、泰國、越南進行正式訪問。李克強在出席中國——東盟(10+1)領導人會議時,提出中國與東盟發展關係的「2+7 合作框架」,將中國與東盟的關係提升到一個新的高度。十一月,李克強赴烏茲別克斯坦出席上海合作組織成員國總理第十二次會議,進一步加強了中國與上海合作組織成員國之間的合作關係。

在新一屆政府成立不到一年的時間內,中國國家元首和政府首腦訪問了十二個周邊國家。在如此短時間內訪問如此眾多的國家,在歷史上是極為少見的。再加上國務委員楊潔篪對蒙古和緬甸的訪問,以及外交部長王毅多次東盟行,反映出新一屆政府在拓展周邊外交的過程中更具全球視野,更具進取意識,更有開創精神,展現了新政府發展周邊外交的全方位思路和布局。

與此同時,周邊主要國家領導人在這一年內都對中國進行了友好訪問,包括二〇一三年四月訪華的緬甸總統吳登盛,六月訪華的韓國總統朴槿惠和越南國家主席張晉創,七月訪華的巴基斯坦總理謝里夫,九月訪華的阿富汗總統卡爾扎伊、塔吉克斯坦總統拉赫蒙,十月訪華的印度總理辛格、蒙古國總理阿勒坦呼亞格、俄羅斯總理梅德韋傑夫、伊朗伊斯蘭議會議長拉里賈尼等。在中國新一屆政府組成之後的一年的時間內,除了極個別的國家外,中國領導人與周邊國家領導人都實現了互訪,而且與一些國家領導人在一年內已經多次見面。

頻繁的高層互訪是中國與鄰國之間睦鄰友好關係的象徵,因為高層互訪只

有在政治條件具備的情況下才能實現。在這個過程中，中國領導人與鄰國領導人就共同關心的國家問題廣泛交換意見，就發展雙邊各個領域的關係達成了廣泛的共識。落實互訪期間達成的協議，必將進一步推動中國與相關國家關係的進一步深入發展，形成中國與周邊國家外交的新局面。

三、把周邊外交放在中國外交更重要的地位

亞太地區是冷戰結束以後世界上最為和平的地區。穩定的政治環境給這個地區的經濟發展創造了條件，使這個地區成為世界經濟中最為活躍的地區。進入二十一世紀的十多年來，區域內合作和本地區與其他地區合作並行不悖，亞洲地區內貿易額從八千億美元增長到三萬億美元，亞洲同世界其他地區貿易額從一點五萬億美元增長到四點八萬億美元。中國同周邊國家貿易額由一千多億美元增至一點三萬億美元，中國已成為眾多周邊國家的最大貿易夥伴、最大出口市場、重要投資來源地。中國的發展為周邊提供良好的機遇，中國也從合作中得到了好處。在這個過程中，中國同亞洲和世界的利益融合達到前所未有的廣度和深度。

鑑於周邊國家和地區對中國發展的重要性，以習近平為總書記的黨中央，將中國與周邊國家的外交提到新的高度，提出了周邊外交工作的新理念。二〇一三年四月，習近平主席在博鰲亞洲論壇的主旨講話中表達了中國發展周邊外交的思路。他提出，中國將加快同周邊國家的互聯互通建設，積極探討搭建地區性融資平台，促進區域內經濟融合，提高地區競爭力；將積極參與亞洲區域合作進程，堅持推進同亞洲之外其他地區和國家的區域次區域合作；將繼續倡導並推動貿易和投資自由化便利化，加強同各國的雙向投資，打造合作新亮點；將堅定支持亞洲地區對其他地區的開放合作，更好促進本地區和世界其他地區共同發展。中國致力於縮小南北差距，支持發展中國家增強自主發展能

力。

二〇一三年十月二十四日至二十五日，中共中央專門召開周邊外交工作座談會，中共中央七常委齊集，包括各地方、軍隊、國企、金融機構領導，以及駐有關國家使節出席，規格之高，前所未有。在會議上習近平總書記發表重要講話，就中國周邊外交的戰略地位、目的、任務、政策等提出了詳細的指示。

中國的發展越來越依賴周邊安全環境的配合。只有在一個相對穩定的外部環境中，中國才能在有限而寶貴的戰略機遇期內實現經濟平穩較快發展，並在發展中解決各種遺留問題，最終實現新一屆政府所提出的復興中華民族的「中國夢」。習近平指出，搞好周邊外交是實現「兩個一百年」奮鬥目標、實現中華民族偉大復興的中國夢的需要。他提出，鞏固睦鄰友好，深化互利合作，維護和用好中國發展的重要戰略機遇期，對於維護國家主權、安全、發展利益具有重要的意義。要更加奮發有為地推進周邊外交，為中國發展爭取良好的周邊環境，使中國發展更多惠及周邊國家，實現共同發展。

另一方面，習近平主席提出，在發展與鄰國的關係上，要堅持與鄰為善、以鄰為伴，堅持睦鄰、安鄰、富鄰，突出體現親、誠、惠、容的理念。要堅持睦鄰友好，守望相助；講平等、重感情；常見面，多走動；多做得人心、暖人心的事，使周邊國家對我們更友善、更親近、更認同、更支持，增強親和力、感召力、影響力。要誠心誠意對待周邊國家，爭取更多朋友和夥伴。

在這次會議上，習近平總書記還提出了與周邊國家建設命運共同體的思想，即本著互惠互利的原則同周邊國家開展合作，編織更加緊密的共同利益網絡，把雙方利益融合度提升到更高水平，讓周邊國家得益於中國發展，使中國也從周邊國家共同發展中獲得裨益和助力，讓命運共同體意識在周邊國家落地生根。這些思想顯示了新一屆政府對發展周邊外交的重視，從頂層設計的高度部署了今後一段時間內發展周邊外交的指導思想。

此外，習近平在會議上還提出，周邊外交工作要和中國內外整體發展戰略相一致，「要謀大勢、講戰略、重運籌」；在和周邊國家進行外交活動時既要有層次感、多面性，又要關注到歷史和現實相聯繫的特色，「要有立體、多元、跨越時空的視角」。這次會議為未來開展周邊外交提出了指導思想、現實目標和具體步驟，繪製了中國與周邊睦鄰友好的藍圖。

四、堅持原則，管控危機

中國周邊充滿生機活力，有明顯發展優勢和潛力。周邊環境總體上是穩定的，睦鄰友好、互利合作是周邊國家對華關係的主流。但是，隨著這個地區力量對比的變化，傳統的和非傳統的安全問題，舊的對歷史的認識問題和新的海洋爭議等，近年來引發了不同類型的危機，使這個地區的熱點不斷。以習近平為總書記的中國共產黨中央，始終把中國的國家利益放在第一位，在堅定捍衛國家主權、安全、領土完整的基礎上，推動周邊國家通過對話談判妥善處理分歧和摩擦，有效管控危機，確保中國同周邊國家關係和地區和平穩定大局。

在堅持原則的基礎上發展中日關係

中日兩國是一衣帶水的鄰邦，曾經有過悠久的友好交往歷史。在新中國成立前的一段時期內，日本軍國主義者對中國發動的侵略戰爭使中國人民遭受了嚴重的災難。周恩來總理曾用「兩千年友好，五十年對立」來形容中日友好交往史中這段不愉快的經歷，並為發展雙邊關係提出了「以史為鑑，面向未來」的原則。

一九七二年中日邦交正常化後，兩國關係取得了巨大的成就，不僅實現了兩國的利益，也促進了本地區的和平與繁榮。之所以如此，在於雙方之間在領

中國海警船進入釣魚島海域巡邏執法。

土問題上達成了默契，在歷史問題上形成了共識。一九七二年中日實現邦交正常化時，周恩來總理與田中角榮首相就釣魚島問題「留待以後解決」達成共識。一九七八年中日締結和平友好條約時，雙方就釣魚島問題「擱置爭議，留待以後解決」達成默契。

但是，日本政府不顧中方的堅決反對，執意於二〇一二年九月對釣魚島實施所謂「國有化」，打破了四十年擱置爭議的現狀，導致中日關係陷入邦交正常化以來最為嚴峻的局面。同時，日本國內歷史問題的升溫，進一步毒化了兩國關係氣氛，增加了有關問題的解決難度。受此影響，兩國民眾彼此好感度降到歷史新低，兩國關係陷入低谷。

釣魚島及其附屬島嶼自古以來就是中國的固有領土，這在歷史上和法理上都是無可辯駁的。日方挑起「購島」爭端，頑固採取拒不承認釣魚島爭議的錯

誤態度，不願承認雙方達成的重要共識和諒解，不僅不符合歷史事實和客觀現實，更是日方立場的嚴重倒退。

中方在國際上清楚地闡明了中國在釣魚島主權問題上的立場，那就是，在釣魚島問題上，日方無論以什麼手段單方面採取的任何措施都是非法、無效和徒勞的，改變不了釣魚島屬於中國的事實，動搖不了中國政府和人民捍衛國家領土主權的意志和決心。

中日分別是世界第二、第三大經濟體，中日兩國的經濟總量占整個世界的百分之二十，東亞的百分之八十，對地區穩定、發展和繁榮肩負著重要責任。中方始終從兩國關係大局出發，採取冷靜克制的態度，為防止這一問題影響兩國關係發展，採取措施維護國家領土主權，敦促日方尊重歷史、正視現實，同中方就釣魚島實質問題繼續開展認真磋商，尋求管控爭議和解決問題的辦法。

以和平談判解決南海問題，堅定捍衛海洋權益

南海諸島自古以來都是中國的領土。周邊鄰國過去對此並沒有異議。在冷戰期間，隨著東亞地區形勢的變化，一些國家開始改變立場，對中國的南沙群島等南海諸島提出領土主權要求。近年來，中國的崛起，海洋經濟在國家經濟地位中的上升，南海在國際貿易和交通運輸領域重要性的凸顯，以及國際海洋法有關大陸架原則的實施，外部勢力的介入等，使一向平靜的南海問題進一步突出。

十八大政治報告把「維護國家海洋權益，建設海洋強國」作為黨和國家的重要任務提出。習近平總書記在中共中央政治局第八次集體學習時強調，把海洋問題放在建設有中國特色社會主義事業發展全局中考慮，指出要維護國家海洋權益，著力推動海洋維權向統籌兼顧型轉變；堅持走和平發展道路，但決不能放棄正當權益，更不能犧牲國家核心利益。他提出，要統籌維穩和維權兩個

大局，統籌國內國際兩個大局，堅持陸海統籌；堅持維護國家主權、安全、發展利益相統一，維護海洋權益和提升綜合國力相匹配；要堅持用和平方式、談判方式解決爭端，努力維護和平穩定；要做好應對各種複雜局面的準備，提高海洋維權能力，堅決維護我國海洋權益；要堅持「主權屬我、擱置爭議、共同開發」的方針，推進互利友好合作，尋求和擴大共同利益的匯合點。

儘管國際上有一些勢力不斷鼓噪中國南海問題，但中國政府堅持以和平談判謀求這個問題解決的立場。二〇一三年九月，王毅外長在聯大發言中表示，對於中國與一些國家之間存在的領土主權和海洋權益爭端，我們真誠希望通過直接當事國的談判協商妥善處理，一時解決不了的，可以先擱置起來。我們是這樣說的，也是這樣做的。同時，中國在任何時候都將堅定捍衛國家的主權和領土完整，堅定維護中國的正當與合法權益。

堅持半島無核化目標，推動朝核問題的和平解決

作為近鄰，朝鮮半島形勢事關中國周邊大局的和平與穩定。堅持實現半島無核化，堅持維護半島和平與穩定，堅持通過對話協商妥善解決有關問題，是中方的堅定立場。朝核危機爆發以來，中國積極做有關國家工作，推動半島局勢趨向緩和，也明確反對朝鮮發展核武器。二〇〇六年十月九日和二〇〇九年五月二十五日朝鮮兩次核試驗後，中國和六方會談的其他國家一起予以譴責，並在聯合國安理會投票支持針對朝鮮的核武器、導彈等大規模殺傷性武器相關領域採取制裁措施。二〇一三年二月，朝方不顧國際社會反對，再次進行核試驗，中國政府再次表達強烈不滿和堅決反對。楊潔篪外長召見朝鮮駐華大使，提出嚴正交涉，要求朝方停止採取進一步激化局勢言行，儘快回到對話協商軌道。在聯合國，中國支持安理會通過第 2094 號決議，並認真予以執行。

中國強烈敦促朝方信守無核化承諾，不再採取可能惡化局勢的行動。同

時，中國政府也認為，朝鮮作為主權國家的合理關切應當得到適當的照顧和解決。中國政府呼籲有關各方冷靜應對，堅持通過對話協商，在六方會談框架下解決半島無核化問題，希望有關方面能夠儘快回到六方會談，以謀求朝核問題的最終解決，並為此進行了堅持不懈的努力。

五、注重總體協調，重視機制建設

隨著中國綜合國力和國際地位不斷提升，國家利益對外日益拓展，參與對外工作的主體也更加多元，國內國際兩個大局聯繫互動更加緊密，面臨的各種涉外局面日趨複雜。只有統一指揮、統籌協調、形成合力，才能在外交大棋局的激烈博弈中占據主動地位。習近平同志為總書記的黨中央高度重視對外事工作的統籌協調，多次強調外事工作必須內外兼顧、通盤籌劃、統一指揮、統籌實施。中國周邊外交的頂層設計、中層協調和基層落實方面都走在中國總體外交的前面。

新一屆政府組成後，習近平主席多次強調，加強外事工作的統籌協調，以確保中央對外交工作的集中統一領導。這首先表現在從頂層設計角度對周邊外交的戰略規劃。外交無小事，大權在中央。必須有堅強的領導核心。做好新形勢下周邊外交工作，要從戰略高度分析和處理問題，提高駕馭全局、統籌謀劃、操作實施能力。只有不斷加強中央對外交工作的集中統一領導，保障中央對對外工作的領導、決策、管理、處置等各項功能順利實施，才能確保中國外交這艘巨輪不會偏離航向，才能確保提出加強外交工作的頂層設計、策略運籌和底線思維，堅定維護國家核心利益。

「外交工作一盤棋」，加強對外工作的統籌協調，是新一屆政府在對外工作中不斷強調的。習近平為總書記的黨中央，高度重視對外事工作的統籌協

調，強調外事工作必須內外兼顧、通盤籌劃、統一指揮、統籌實施，要求中央和地方、政府和民間、涉外各部門牢固樹立外交一盤棋意識，各司其職，形成合力，既充分發揮各方面的積極性和創造力，又從國家利益的高度作好集中調度，保障中央對對外工作的領導、決策、管理、處置等各項功能順利實施，確保中央對外戰略意圖的實現。這些工作，有力改進和加強了中央對外事工作的集中統一領導和統籌協調。

新一屆政府成立以來，中央加強了有關機制建設，逐步理順體制機制，制定了明確規定，加強與規範外事和外事管理工作。例如針對中國海洋管理方面「多頭管理」狀況，中央成立維護海洋權益高層次協調機構——中央維護海洋權益工作領導小組辦公室，負責協調外交部、國家海洋局、公安部、農業部和軍方等涉海部門。

國家海洋委員會是高層次議事協調機構，負責研究制定國家海洋發展戰略，統籌協調海洋重大事項。同時，新一屆政府採取步驟，統合原有的國家海洋局及中國海監、公安部邊防海警、農業部中國漁政、海關總署海上緝私警察的隊伍和職責，重新組建國家海洋局，由國土資源部管理。這是在政策落實層面對體制的創新。國家海洋局具體承擔國家海洋委員會的工作，構建了完整的大海洋管理體制和海洋執法體制，加強海上執法力量建設，通過整合努力形成「研究諮詢、決策協調、執法行動一條龍」，「立法、司法、執法一條線」，「政界、學界、軍界、媒體、民間一條心」，「海監、海事、漁政、海關、海警一家人」的局面。

經過多方的共同努力，中國同周邊國家的經貿聯繫更加緊密，互動空前密切，周邊外交在中國外交的總體布局中，在國家的總體戰略中的地位都日益重要。審視中國的周邊形勢，主流是積極的，全局是好的；同時環境發生了很大變化，也面臨著新的挑戰和問題。近年來，中國在經濟建設等方面取得的輝煌

成就，周邊外交功不可沒。中國與周邊國家的關係已經站在新的起點上，周邊外交責任重大，任重道遠。

作者張清敏，北京大學國際關係學院教授。

外交新理念：新型大國關係的形態分析

陳志敏

「新型大國關係」是近年來中方提出的外交話語，以定位中國和其他大國的關係形態。二〇一〇年五月第二輪中美戰略與經濟對話期間，時任國務委員戴秉國提出，中美應「開創全球化時代不同社會制度、文化傳統和發展階段的國家相互尊重、和諧相處、合作共贏的新型大國關係」。二〇一二年二月，時任國家副主席習近平在訪美期間進一步提出要構建「前無古人，但後啟來者」的新型大國關係。

中國新一屆政府就任後，新型大國關係進一步成為中國外交的核心話語。二〇一三年三月，中國國家主席習近平在首次出訪期間，與俄羅斯總統普京在《中俄聯合聲明》中共同呼籲在大國之間要「建立長期穩定健康發展的新型大國關係」。李克強總理也在五月出訪印度期間提出要發展中印新型大國關係。六月，習近平主席在與奧巴馬總統的安納伯格莊園會晤中用三句話概括了中美新型大國關係的內涵：一是不衝突、不對抗，就是要客觀理性看待彼此戰略意圖，堅持做夥伴、不做對手，通過對話合作而非對抗衝突的方式，妥善處理矛盾和分歧；二是相互尊重，就是要尊重各自選擇的社會制度和發展道路，尊重彼此核心利益和重大關切，求同存異，包容互鑑，共同進步；三是合作共贏，就是要摒棄零和思維，在追求自身利益時兼顧對方利益，在尋求自身發展時促進共同發展，不斷深化利益交融格局。對於中方提出的這一外交話語，美國方面也有積極的回應。時任美國總統國家安全事務助理多尼隆在二〇一三年三月的一次講話中表示中美要建立「一種守成大國和新興大國之間的新型關係（a new model of relations between an existing power and an emerging one）」；奧巴馬總

統也在六月與習主席見面時表示要推進「美中新型關係（new model of relations between the United States and China）」。

本文試圖從學理的角度來探討新型大國關係的形態問題：它如何不同於傳統的大國關係？它可以呈現為哪些具體的可能形態？這些形態之間有何遞進的水平差異？建設新型大國關係的基本路徑有哪些？

一、大國關係的基本形態

亞歷山大・溫特從他的三種無政府體系文化出發界定了國家之間的三種關係形態。溫特認為，國際體系本質上沒有最高權威，仍然是一種無政府體系。但是，根據國際行為體的共有觀念或文化的不同，他認為無政府體系至少可以有三種截然不同的結構或文化：霍布斯文化、洛克文化和康德文化。這三種文化基於不同的角色關係，即敵人、競爭對手和朋友。霍布斯文化的邏輯是「不是殺人就是被殺」的叢林法則。國家之間相互視為敵人，國家的政策是隨時準備戰爭，爭取消滅敵人。洛克文化基於一種特殊的角色結構──競爭，其邏輯是「生存和允許生存」：競爭對手共同認識到，相互行為的基礎是相互承認主權，因此不會試圖去征服或統治對方；另一方面，洛克文化中的行為體也在不斷地進行著相互競爭。此外，溫特也發現，二戰後，西方國家間一種新的康德文化正在出現，其邏輯是「多元安全共同體」以及「集體安全」，成員之間的角色關係是一種朋友性質的關係。

中國國防大學的劉明福教授也提出了中美關係情景下大國關係的三種分類。他提出，中美雙方如果互為「敵手」，在羅馬角鬥場搞你死我活的「角鬥比賽」，不惜熱戰，勢必同歸於盡；中美雙方如果互為「對手」，在拳擊比賽場搞你敗我勝的「拳擊比賽」，不惜冷戰，勢必兩敗俱傷；中美雙方如果互為

「選手」，在田徑賽場上進行你追我趕的「田徑比賽」，雖然會有你先我後的位置變換、會有冠軍亞軍的名次之分，但是雙方都會刷新紀錄、創新成績。在這類「田徑比賽」中，比超越別人更重要的，是雙方都超越了自己，都贏得了自己，因而可以是一種「雙贏」的結局。劉教授對「中美田徑賽」中中國「奪冠」的前景抱有「必勝」的信念，但是並不認為美國「必敗」。美國成為世界第二，並不是美國的失敗：一個在比賽中創造了超越自己原來成績記錄的亞軍，比一個在比賽中成績沒有新突破的冠軍，更有價值，更有意義。

澳大利亞總理陸克文最近的一篇文章中也談到了中美關係的三種形態，即「熱戰、冷戰和涼戰」，並擔憂地認為，中美關係必須要擺脫涼戰形態。在他看來，雖然中美關係既不是熱戰，也不是冷戰，但雙方之間存在的「戰略信任赤字」，即存在於中美之間的隔閡，如果不加遏制，就可能破壞整個亞太地區的穩定。前段時間裡，網絡間諜和網絡戰，海軍和空軍重兵部署的中國東海和南海緊張局勢日益升級，朝鮮半島局勢日益緊張，聯合國安理會在敘利亞問題上陷入僵局，這些問題都反映出中美之間存在「信任赤字」。

借鑑以上各位的分析，我們可以細分出至少七種國家間關係的形態：熱戰敵人關係、冷戰對手關係、惡性競爭關係、良性競爭關係、雙邊夥伴關係、傳統盟友關係和共同體成員關係。

圖表一：大國關係形態的四種觀點對比

溫特	敵人		競爭者		朋友		
劉明福	敵手	對手		選手			
陸克文	熱戰關係	冷戰關係	涼戰關係				
筆者	熱戰敵人	冷戰對手	惡性競爭	良性競爭	雙邊夥伴	傳統盟友	共同體成員

在熱戰敵人關係下，大國之間進行著傳統的爭奪權力和霸權的你死我活的鬥爭，不惜運用軍事力量來實現自己的目標，並常常陷入大國爭霸戰爭的泥潭，給各自國家也給世界帶來慘痛的破壞。在冷戰對手關係下，比如冷戰時期的美蘇對抗，超級大國建立各自控制下的國家集團，相互對抗。由於核武器的出現和世界和平力量的制約，兩大超級大國在核恐怖平衡下維持了相互之間的非戰狀態，但世界籠罩在頻繁的代理人戰爭和核戰爭的陰影之下。在惡性競爭關係下，大國之間雖沒有熱戰和冷戰關係中的嚴重對抗，但存在著激烈的相互拆台式的競爭，追求我贏你輸的目標。在良性競爭關係下，大國間能夠為競爭確立一定的規則，雙方之間的競爭不以損害對方利益為最高目標，而是比拚誰能夠做得更好。這更像是劉明福所謂的「田徑比賽」，或選美比賽。大家以自己的實力在公平競爭的規則下爭取第一的桂冠。在雙邊夥伴關係下，大國之間發展出合作機制，主動管控雙方之間的矛盾與分歧，在協調中追求共同利益的實現。在傳統盟友關係下，國家之間結成安全同盟關係，承諾在對付外來軍事侵略或威脅方面相互支持，包括軍事支持。盟友關係構成雙邊關係中最緊密的形態，但這種同盟的存在，對非同盟國構成壓力，常常會激發國際安全困境，並成為主導國獲取最多世界事務支配權的工具。在共同體成員關係下，國家之間有競爭，更有合作，且這些競爭受到普遍的國際規則的約束，合作得到國際規則的促進和保障，也能保證大國之間的合作為國際社會帶來更多的積極貢獻。

二、新型大國關係的可能和理想形態

在七種大國關係的可能形態中，從否定性定義來說，新型大國關係應該不是熱戰敵人關係，也不是冷戰對手關係。這似乎是不言自明的。即使對於在意識形態上處於敵我關係的美蘇兩霸而言，由於核武器的出現，兩國在第二次世

界大戰後保持了四十多年的相互非戰狀態。基於同樣的道理，在相互核威懾有效存在的前提下，中國和有關大國之間的非戰狀態也能得到延續。中國和有關大國也能避免美蘇之間的冷戰狀態。如同鄭必堅曾經闡述的那樣，與蘇聯在冷戰時期走上了軍事爭霸的道路不同，中國在一九七九年以後作出了改革開放的歷史性決定，走上了一條以經濟建設為中心，在同經濟全球化相聯繫而不是相脫離的進程中獨立自主發展中國特色社會主義的道路。而這一經濟全球化成全了中國的和平崛起，使得中國無意於挑戰現存國際秩序，不主張用暴烈的手段去打破它、顛覆它。因此，中國和其他大國的關係是高度相互依存狀態下的關係，存在大量的共同利益，既沒有完全敵對的利益衝突，也沒有全面敵對的意識形態矛盾，無需依靠恐怖核威懾在大國之間維繫和平，陷入一種類似美蘇之間的冷戰關係。

對於中國而言，新中國建國初期與蘇聯等社會主義陣營國家的結盟經歷教訓深重。一種傳統的安全同盟可能會帶來所謂的「牽連」效應，令中國捲入不必要的衝突；或帶來「拋棄」效應，在中國需要盟友支持的時刻被盟友拋棄。總體上，傳統盟友關係成為主導性盟友實現自身優先利益的工具。從中國的這一結盟經驗出發，中國在二十世紀八〇年代初就確立了不結盟的獨立自主外交政策原則。儘管近年來有關中國應該發展自己的聯盟體系的呼聲有所抬頭，但不結盟這個中國外交的主導性原則仍然有著強大的生命力。

需要討論的是，新型大國關係也不能是惡性競爭關係這一形態。國家之間，特別是大國之間，存在競爭是不可避免的。大國之間必定會出現影響力的競爭、經濟競爭、發展模式競爭，以及文化競爭等。但這種競爭如果是惡性的，那麼，國家之間關係很容易滑向冷戰關係形態，就像陸克文擔心中美之間出現涼戰狀態一樣。在惡性競爭下，國家之間雖沒有軍事衝突，甚至也沒有冷戰關係下的代理人戰爭，但它們會在相互關係的各個領域力圖損害對方的重要利益，忽略雙邊合作的絕對利益，只追求自己的相對利益，千方百計地在削弱

對方的過程中確立自己的優勢地位。把這種惡性競爭作為一種傳統大國關係的形態單列出來，可以豐富我們關於新型大國關係的否定性定義。

從肯定性定義來看，新型大國關係的可能形態包括良性競爭關係、夥伴關係和共同體成員關係。構建與有關大國的夥伴關係是二十世紀九〇年代中期以來中國外交的一大主題。經過將近二十年的努力，中國已經與三十多個國家建立了戰略夥伴關係，還與很多其他國家發展了合作夥伴或全面合作夥伴關係。在一個夥伴關係中，兩國之間建立起各種合作機制，推動和落實合作項目，確保關係具有總體合作的特徵。所以，在這個意義上說，新型大國關係不是一個全新的外交話語和實踐，而可以追溯到二〇世紀九〇年代中期起步的夥伴外交戰略。

儘管夥伴關係是中國力爭實現的大國關係形態，我們也需要認識到，即使是中國的合作夥伴，甚至是戰略合作夥伴，它們與中國的關係中也不乏競爭。如前所述，大國之間的競爭是大國政治不可避免的一面，我們無須諱言，也無法否認。中國在爭取實現小康社會的進程中，已經在經濟上成為了國民生產總值世界第二，超過了俄羅斯、意大利、法國、英國和德國，並在二〇一〇年超過了日本。而且，如果發展順利，中國也有望在十年內趕超美國，直取世界經濟第一大國的地位。在經濟的各個部門，中國早已在大批產品的生產上成為了世界第一。在國防預算上，中國也超越了很多傳統的國防支出大國，如今成為世界第二。在發展模式上，不少發展中國家羨慕中國的發展經驗，西方國家也感到其「華盛頓共識」受到了所謂「北京共識」的挑戰。因此，大國關係必然有競爭，這種競爭將繼續下去；而且，中國也在進行著自己的競爭，並希望在競爭中取得勝利。所以，新型大國關係一定包含競爭關係，認識並承認競爭關係的存在將有助於我們更加務實地看待新型大國關係。當然，新型大國關係中的競爭必須是良性的，是在公平競賽的原則下進行的，是競爭誰做得更好，而不是相互拆台，以打敗對手為最高目標。在二〇一三年七月舉行的中美第五屆

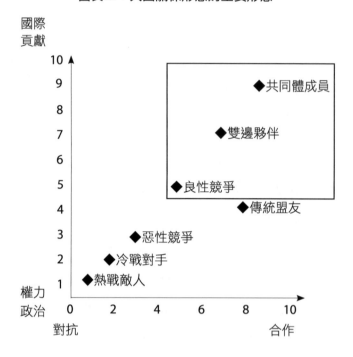

圖表二：大國關係形態的主要形態

國際
貢獻

（縱軸刻度由上而下）10 9 8 7 6 5 4 3 2 1

◆共同體成員（9）

◆雙邊夥伴（7）

◆良性競爭（5）

◆傳統盟友（4）

◆惡性競爭（3）

◆冷戰對手（2）

◆熱戰敵人（1）

權力
政治

橫軸 0 2 4 6 8 10

對抗　　　　　　　　　合作

戰略與經濟對話期間，中美雙方領導人都認識到了中美之間確立良性競爭的重要性。代表中國政府的汪洋副總理表示：「如果中美之間存在競爭的話，這種競爭也應該是在相互尊重基礎上進行的良性競爭。」美國副總統拜登也說，中美關係是並將繼續是競爭和合作的混合體；對雙方而言，競爭是好事，而合作則是必須。對於中美這兩個有影響的大國而言，出現競爭是最自然的事情。如果遊戲是公平和健康的，政治和經濟競爭可以激發出中美兩個社會最好的能量。

本文作者還認為，共同體成員的關係也應該是新型大國關係的一種形態。中國已經明確拒絕了美方一些人士在二〇〇九年提出的「中美兩國集團」的概念。這是正確的選擇。國際事務的處理不能由兩個國家，即使是體系中最強大的兩個國家，來自行決定。中國主張國際關係民主化，要求國際事務由國際社

中國常駐聯合國代表李保東在第六十七屆聯合國大會上發表講話。

會的所有成員來共同決定。這並不排除作為國際體系的重量級成員,中國和其他大國在國際規則的制定中具有更大的影響力和發言權。事實上,追求更大的國際影響力和發言權是並將繼續是中國外交的一大目標。關鍵是,中國和其他大國不能獨斷地為世界制定規則,而是要讓各國有效參與,通過共同協商的方式而為國際事務建章立制,讓各國的行為都受到國際規則的調節。在公正、公平和有效的國際規則下,大國關係就轉化為國際共同體的成員關係。目前,中國和其他大國已經具有初級水平的共同體成員關係,受到了以聯合國憲章和世界貿易組織規章為代表的國際規則的約束。今後,各國能否繼續強化在各個領域的國際制度,將決定大國之間的共同體成員身分是否能夠進一步深化。

考慮到良性競爭、夥伴和共同體成員關係的合作水平不同,在世界事務中扮演的角色不同,我們也可以把三種形態視為遞進而又並存的三種新型大國關

係。良性競爭是新型大國關係的起步形態，只有擺脫了熱戰、冷戰和惡性競爭，大國關係才顯現出新型關係的特徵；夥伴關係是新型大國關係的力爭形態，在這一形態下，大國關係才具有更多合作、互利和共贏的內涵，新型大國關係才會更加穩固；共同體成員關係是新型大國關係的理想形態，在筆者看來，只有各國共同建章立制，對國際行為體的行為有共同的規則約束，國際社會才能真正實現公平、正義和普遍繁榮。這是各國，也應該是中國未來應該追求的理想境界。當然，考慮到國際關係的現實，這樣的前景並不必然實現，但仍應該作為一種理想形態加以追求。

三、建設新型大國關係的路徑

建設新型大國關係的基本路徑，可以從以下四個方面來加以思考：

1. 從傳統大國關係到新型大國關係。在中國與其他大國的關係中，出現歷史上的霸權爭霸戰爭或美蘇之間的冷戰關係的機率已經很小，但形成惡性競爭的可能性不能排除。因此，要發展新型大國關係，最主要的是要防止惡性競爭的發展。這需要中國採取四管齊下的對策：一是拓展共同利益，來壓縮惡性競爭的空間。在相互依賴和全球化更為發展的今天，中國和各大國的關係中有廣泛的現實和潛在的共同利益。如果對這些共同利益形成共識，並通過合作來實現這些共同利益，將有效壓縮惡性競爭的存在空間。二是要制定良性競爭的規則，讓競爭在健康的軌道上進行。大國之間的競爭如果有規可循，明確何為惡性競爭，何為良性競爭，將有助於大國更好地處理相互之間的競爭問題，讓競爭成為競優的比賽。三是採取更為平常的心態，來看待國際競爭或國家軟制衡的現象。基於對惡性和良性競爭的區分，我們可以對良性的競爭行為採取更為平和的心態，而不是將對方的任何競爭行為都視為惡性競爭，並以惡性競爭行為進行回應，導致惡性競爭升級，相互不信任強化為相互敵意，從而使兩國關

係淪落到冷戰形態。四是明確戰略底線，來遏制惡性競爭的發展。一旦一國面臨另一大國的惡性競爭，該國也需明確自己的戰略底線，宣示對方的行為已經越過良性競爭的底線，損害到該國的重要或核心利益，並採取相應的反制措施。不過，任何反制措施的實施應本著威懾的原則，目的是促使對方撤回有關的惡性競爭行為，回到良性競爭的軌道上來，而不是要讓惡性競爭升級。在此過程中，反制措施要具有真實的制約效應，且該國須有真正實施該反制措施的決心，以便這類防禦性反制措施真正具有威懾的效果。

2. 從中美新型大國關係到中國與其他大國的新型大國關係。無疑，新型大國關係這個概念最初是在中美關係的語境下提出的，在中美關係上使用最多，且新型大國關係所要解決的問題在中美關係中也最為突出。在國內學界，也有學者認為這個概念只適用於中美關係。但是，新型大國關係就字面意義而言必然是一個一般性的概念，勢必帶來有關大國對號落座的反應。英國《金融時報》就有一篇文章表示，「在中國單方面把它與美國的關係升級為兩個平等超級大國之間關係的同時，中國實際上是把它與其他國家的關係『降級』了。」這篇文章還說，「但按照中國受『兩國集團』概念啟發而形成的新世界觀，所有其他國家（美國除外）都不符合超級大國的定義，因此是可以拋棄和無視的。」事實當然不是如此。正像習近平主席在俄國以及李克強總理在印度都談到要發展中俄與中印新型大國關係一樣，中國的新型大國關係外交應該適用於中國和主要國際力量之間的關係發展。除了和主要的發達大國和發展中大國要發展新型大國關係外，中國也應與具有超國家特徵的地區國家聯合體，如歐盟，發展新型大國關係。為此，筆者也建議把新型大國關係的英文表述，new model of major country relationship，改為 new model of relations between major international actors。

3. 從低階新型大國關係到高階新型大國關係。如前所述，新型大國關係本身有多個形態，且依據合作水平以及對世界的貢獻水平有高低之分。良性競爭

關係是新型大國關係的起步階段。在這個階段，國家之間合作較少，但良性競爭能夠激發各個國家的創造力和創新力，以各自的發展推動世界發展，為其他國家帶來好處。比如，中國和美國在非洲競爭多於合作，但如果各自都能為非洲的發展帶來切實的好處，而中美兩國都可以在非洲獲得高水平的好感，則這種競爭就是健康良性和值得歡迎的。最近美國皮尤中心的全球態度調查的結果顯示，在非洲受調查的六個國家中，美國和中國的影響都被認為對本國有高度積極的作用：尼日利亞（66%、80%）、肯尼亞（69%、75%）、加納（60%、59%）、塞內加爾（77%、71%）、烏干達（75%、69%）和南非（64%、53%）。①如果兩國有更多的積極合作，在夥伴關係下，兩國關係會更加穩定，合作得到進一步深化，並可能對其他國家帶來更多積極的溢出效應。在發展新型大國關係的夥伴關係形態方面，中國可以繼續推行在過去二十年中行之有效的夥伴外交戰略，並通過不同層次的夥伴關係將大國合作層層推進，比如從合作夥伴，到全面合作夥伴，到全面戰略夥伴，以至具有一定準聯盟性質的全面戰略協作夥伴。在共同體成員關係形態方面，大國之間的競爭不僅可以受到普遍國際規則的限制和約束，兩國合作也會更加有保障地有利於國際社會的公共利益。當然，以國際社會民主的方式來達成具有約束力的國際規則通常是困難的，但如果大國之間能夠發展起比較密切的合作夥伴關係，在國際社會中建立起更加全面和有效的國際規則也不是不可能的。

4. 從新型大國關係到新型國際關係。新型大國關係建設是中國外交的一個關鍵任務。但是，新型大國關係外交既不是中國外交的全部，也不可能在沒有其他外交配合的情況下單騎突進。本著新型大國外交的精神，中國應該主張更

---

① 括號中的第一個數值是該國民眾認為美國影響對該國有積極作用的比例，後一個數值是該國民眾認為中國影響對該國有積極作用的比例。

為全面的新型國際關係建設。從中國作為一個新興大國的主體出發，中國的新型國際關係外交要包括新型大國外交，也要包括新型大小國外交，以及新型大國和非國家行為體的外交。新型大小國外交指的是中國作為大國與中小國家之間的新型關係建設問題。中國在歷史上曾發展出「以大事小，以小事大」的處理大小國關係的外交傳統；新中國成立後，中國又主張大小國家一律平等的原則。今天，當中國重新成為真正的大國，為了保證國家間主權平等，同時又要兼顧中國的大國地位和影響，需要我們用新的觀念來發展新型大小國關係。此外，中國作為大國如何構造與各種非國家行為體，如國際組織、跨國公司和各類非政府組織的關係，也需要中國學界同仁來加以深入探討。

作者陳志敏，復旦大學國際關係與公共事務學院院長，教授。

外交新理念：
復興的中國給世界傳遞的是正能量

周余雲

　　一個復興的中國將會給世界帶來什麼樣的影響？能否跳出「國強必霸」的傳統定式，超越新興大國與守成大國必然衝突的「修昔底德陷阱」①？新一屆中國領導人的對外政策取向如何？快速發展的中國將對國際社會產生什麼樣的外溢效應？中國如何在國際關係中運用自身不斷增長的經濟實力？中國參與國際事務將遵循什麼樣的路線圖？這是近年來國際社會對中國外交高度關注的焦點。世界希望能從中共十八大以來新一屆中央領導集體的對外政策宣示和外交足跡中獲取解讀中國外交新理念的密碼。

一、中國對外戰略和對外政策是延續性與創新性的統一

　　任何國家內外政策的制定都是基於對國際形勢的把握和對基本國情的判斷。善於把握世界發展大勢是中國共產黨制定國際戰略和外交政策的鮮明特徵，十八大報告對國際形勢的總體判斷堅持二分法：一方面，當今世界正在發生深刻複雜變化，國際力量對比朝著有利於維護世界和平方向發展，保持國際

---

① 修昔底德陷阱是古希臘史學家修昔底德在總結西元前五世紀雅典和斯巴達兩國發生的戰爭時提出的。修昔底德認為，這場發生在伯羅奔尼撒半島的戰爭未能避免的原因是雅典實力的日益增長，以及這種增長在老牌強權斯巴達造成的恐懼。其現代意義隱含著一個新崛起的大國必然要挑戰現存大國，而現存大國也必然回應這種威脅，這種無理性的對峙使衝突變得不可避免。

二〇一二年五月十九日，中非商務領域合作的首次專題論壇——中非商務合作論壇在湖南湘潭舉行。

形勢總體穩定具備更多有利條件；另一方面，世界仍很不安寧，全球發展不平衡加劇，全球性問題更加突出。在中國國情、國際屬性和內外環境方面，中共十八大提出了三個大的判斷：一是中國仍處於並將長期處於社會主義初級階段；二是中國是世界最大發展中國家的國際地位沒有變；三是中國發展仍處於可以大有作為的重要戰略機遇期，同時，戰略機遇期的內涵和外部條件發生了新的變化。基於這樣的判斷和認識，中國對外戰略和對外政策取向將是變與不變、延續與創新的統一。

從政策延續性的角度看，新一屆中央領導集體在對外關係方面將繼續堅持改革開放以來行之有效的對外戰略和對外政策。改革開放三十多年來，中國外交在為國內改革開放謀大局、化矛盾、求合作、促發展等方面發揮了積極作用，營造了良好的外部環境，推動了中國特色社會主義事業的發展。這些被實踐證明了是正確的對外方針政策，將繼續堅持而不放棄、一以貫之而不動搖。

因此，十八大報告再次鄭重宣示：中國將繼續高舉和平、發展、合作、共贏的旗幟，堅定不移致力於維護世界和平、促進共同發展；將始終不渝走和平發展道路，堅定奉行獨立自主的和平外交政策，堅決維護國家主權、安全、發展利益；反對各種形式的霸權主義和強權政治；始終不渝奉行互利共贏的開放戰略，堅持在和平共處五項原則基礎上全面發展同各國的友好合作，推動建設持久和平、共同繁榮的和諧世界。這些政策主張是改革開放以來對外戰略和對外政策的結晶和昇華。

同時，以習近平同志為總書記的新一屆中央領導集體在對外關係和對外戰略總體框架不變的同時，根據形勢的變化和自身的發展，提出了中國外交新理念：

1. 提出「要倡導人類命運共同體意識」，主張在國際關係中弘揚平等互信、包容互鑑、合作共贏的精神。如何從人類的視野並站在歷史的高度看待當今世界？十八大報告指出，人類只有一個地球，各國共處一個世界。在這樣的世界中，和平與發展仍是時代主題，世界多極化、經濟全球化深入發展，文化多樣化、社會信息化持續推進。這種世界發展大趨勢，推動著世界從群雄爭霸的割裂狀態走向實現整體性發展，國際社會已從「叢林世界」走向「地球村」；與此同時，還應看到國際社會中的霸權主義、強權政治和新干涉主義有所上升，傳統安全威脅與非傳統安全威脅相互交織，糧食安全、能源資源安全、網絡安全、氣候變化、重大自然災害等全球性挑戰威脅著整個人類社會，沒有任何一個國家能置之度外、獨善其身，國際社會已形成了相互依存、利益交融、休戚與共的命運共同體。在這樣的命運共同體中，弱肉強食不是人類共存之道，窮兵黷武無法帶來美好世界。國際社會的所有成員只有以平等互信、包容互鑑、合作共贏的精神，共同維護世界的公平正義、共同承擔起對世界的責任，才能共同應對全球性風險和挑戰。

2. **提出要推動「建立更加平等均衡的新型全球發展夥伴關係」，積極開展多層次全方位的全球合作。**自從威斯特法利亞國際體系形成以來，大國崛起進程中往往因為安全壓力的增長，合縱連橫成為緩解或化解外部環境壓力的一種戰略選擇。近代以來，不同國家的結盟關係又往往會演化成軍事對抗集團，如第一次世界大戰中，以英、法、俄為主的協約國與以德、奧匈帝國為中心的同盟國；第二次世界大戰中，由美國、英國、法國、蘇聯、中國、加拿大等組成的同盟國與德國、意大利、日本等組成的法西斯軸心國；冷戰時期，以美國為首的北約與以蘇聯為首的華約。這些軍事對抗集團的存在撕裂了國際社會，妨礙了整個世界的和平與發展。十八大報告提出要建立更加平等均衡的新型全球發展夥伴關係，符合當今時代和平與發展的歷史潮流。這種新型夥伴關係排除了恃強凌弱、你主我從的不平等關係，是政治、經濟、貿易、文化等領域全面發展的均衡關係，其著眼點是立足於全球層面、致力於共同發展的夥伴關係。

3. **提出堅持在和平共處五項原則的基礎上，推動建立長期穩定健康發展的新型大國關係，努力使自身的發展更好惠及周邊國家，支持擴大發展中國家在國際事務中的發言權和代表性。**中國的快速發展深刻改變了國際和地區形勢，為了破解歷史上「新興大國與守成大國必然衝突」這一歷史魔咒，化解國際社會對中國發展的疑慮，十八大提出要建立長期穩定健康發展的新型大國關係。「長期穩定健康發展」意味著不因一時一地的偶發事件、局部事件而逆轉，而是要著眼大局、立足長遠。「新型大國關係」就是要在摒棄「零和」冷戰思維基礎上，加強戰略溝通，妥善處理分歧，拓寬合作領域，實現互利共贏，促進共同發展。當前，中美關係是國際社會普遍關心的大國關係之一，其代表性意義就在於新興大國與守成大國之間的相處之道。二〇一三年六月，習近平主席應邀與奧巴馬總統在安納伯格莊園會晤時，提出了中美新型大國關係的三點內涵：一是不衝突不對抗，二是相互尊重，三是合作共贏，得到了奧巴馬總統的積極回應。二〇一三年十一月，美國總統國家安全事務助理蘇珊·賴斯在《美

埃塞俄比亞的一個救助站內，受助者在等待領取由聯合國糧食計劃署分發的由中國援助的糧食。

國的未來在亞洲》的演講中，也明確提出，要與中國「尋求實施一種新型大國關係」，通過駕馭競爭、深化合作、加強對話，提升雙邊關係的質量，建立一種「在競爭與合作中實現最佳平衡」的大國關係。二〇一三年十二月四日，美國副總統拜登訪華時表示，美中關係是二十一世紀最重要的雙邊關係，美方將積極致力於同中方一道，在相互尊重、相互信任、平等相待基礎上，建設美中新型大國關係。

中國是周邊環境最為複雜的大國，周邊是中國安身立命之所，繁榮發展之基。和平、安寧、友善的周邊環境對中國順利崛起意義重大。新一屆中央領導集體十分重視周邊外交工作，十八大報告從國家長遠利益考慮，一方面繼續堅持與鄰為善、以鄰為伴的方針，因為「親仁善鄰，國之寶也」，朋友可以選

擇，鄰國卻不能選擇；另一方面提出要鞏固睦鄰友好，深化互利合作，努力使自身發展更好惠及周邊國家，因為「一花獨放不是春」，二十一世紀的亞太需要亞太國家的共同發展。「更好惠及周邊國家」映照出中國的大國胸懷，不只是一心一意謀取自身的發展，而且在自身發展的同時，也要推動周邊國家的共同發展。二〇一三年十月初，習近平主席在印尼國會演講時鄭重提出「攜手建設中國——東盟命運共同體」的倡議，強調要堅持講信修睦、合作共贏、守望相助、心心相印、開放包容，使雙方成為興衰相伴、安危與共、同舟共濟的好鄰居、好朋友、好夥伴。在新中國成立以來的首次周邊外交工作座談會上，中央進一步明了新形勢下周邊外交工作的指導思想和大政方針，提出了「親、誠、惠、容」的周邊外交新理念：親——就是要鞏固地緣相鄰、人緣相親、文化相通的友好情誼；誠——就是要堅守以誠待人、以信服人的相處之道；惠——就是要履行惠澤周邊、互利共贏的合作理念；容——展示開放包容、求同存異的大國胸襟；通過「親、誠、惠、容」增強中國在周邊地區的親和力、感召力、影響力。

在處理與發展中國家關係時，十八大報告提出，一方面要繼續加強同廣大發展中國家的團結合作，永遠做發展中國家的可靠朋友和真誠夥伴；另一方面，原有的國際體制和機制已不能反映廣大發展中國家的發展尤其是新興國家的群體性崛起的現實，因此，要共同維護發展中國家的正當權益，支持廣大發展中國家在國際事務中的代表性和發言權。近來，習近平總書記在總結新中國外交經驗的基礎上，提出要以正確的義利觀指導中國對發展中國家的外交工作：義——就是要秉持國際公道正義，恪守國際關係基本原則，反對霸權主義和強權政治；利——就是堅持互利共贏，促進共同發展，給予發展中國家以力所能及的幫助和支持，而不是舍義趨利。

4.**提出要紮實推進公共和人文外交，積極拓展對外交流，夯實發展國家關係的社會基礎**。當前，國際形勢錯綜複雜，時代風雲變幻莫測，中國正面臨五

百年未有之變局，這樣的大時代需要新的立體式大外交。所謂立體式大外交，從廣度上看，它的工作對像是全方位的；從深度上看，它的工作內容是多層次的；從方式上看，它的工作渠道是多樣的；從主體上看，它的參與者是多元的。不斷發展的中國需要在急遽變化的世界中，不斷探尋既適合時代特點又能滿足中國外交任務的新的外交形式，調動一切可以利用的外交資源。十八大首次在黨代會政治報告中明確提出要紮實推進公共外交和人文外交，在發揮政府外交主渠道的同時，注意發揮公眾在外交中的參與作用，搭建人文外交平台，傳播中國外交新理念，展示中國和平、民主、文明、進步的國際形象。此外，中國也將繼續開展同各國政黨和政治組織的友好交往，加強人大、政協、地方、民間團體的對外交流，夯實國家關係發展社會基礎。

二、復興的中國給世界傳遞的是正能量

改革開放的三十多年，是中國發展最好最快的三十多年。中國的發展既得利於自身的改革開放，也受益於與外部世界的優勢互補、利益共享。中國人民在努力加快自身發展的同時，也懂得反哺國際社會。回顧過去，中國以自身的發展為世界的和平與發展提供了積極的動能。

——**中國推動了世界經濟和國際貿易的發展。**中國加入世界貿易組織後十年中，平均每年進口七千五百億美元的商品，相當於為貿易夥伴創造一千四百多萬個就業崗位；在華投資的外商企業累計匯出的利潤是二千六百一十七億美元，年均增長百分之三十。二〇〇六年，中國還只是七十個國家的大貿易夥伴，而到二〇一一年中國已經成為一二十四個國家的大貿易夥伴。中國經濟總量占世界的份額由二〇〇二年的百分之四點四提高到二〇一一年的百分之十左右，對世界經濟增長的貢獻率超過百分之二十。二〇一二年六月，中國決定向國際貨幣基金組織增資四百三十億美元，以幫助該組織在應對當前世界經濟面

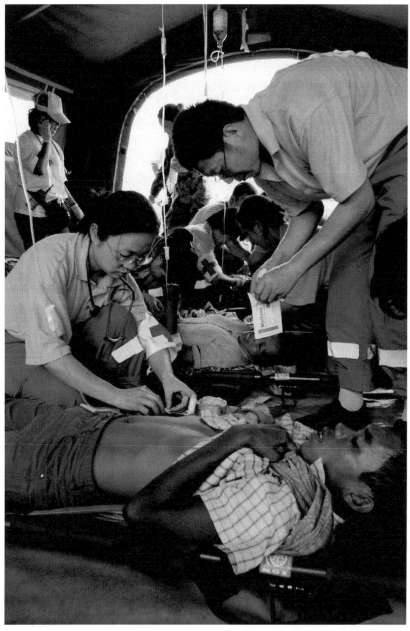

二〇〇四年十二月二十六日，印度洋地區發生強烈地震海嘯，中國發揚國際人道主義精神，派出醫療救援隊到受災國家開展醫療救治工作，為受災國家災後救援提供了積極支持。

臨的風險和挑戰中擁有充足資源。二〇一三年以來，新一屆中央領導集體發揮高層外交的引領作用，推動中國與各國簽署了五百多項合作協議。這在當前全球經濟仍不穩定的情況下，為推動世界經濟復甦作出了重要貢獻。

——**根據量力而行的原則，儘力而為開展對外援助，幫助受援國增強自主發展能力。**截至二〇〇九年底，中國累計向一百六十一個國家及三十多個國際和區域組織提供了援助，累計對外提供援助金額達二千五百六十二點九億元人民幣，經常性接受中國援助的發展中國家有一百二十三個。截止二〇一一年年底，中國為發展中國家培訓了超過十四萬名各類人才，幫助受援國建成了二千二百多個與人民生活息息相關的各類項目，促進了發展中國家的經濟社會發展。

——**積極參與聯合國維和行動，為地區穩定作出了貢獻。**一九九〇年中國首次參加了聯合國維和行動，向聯合國中東維和任務區派遣五名軍事觀察員。截至二〇一二年一月，中國已參加二十二項維和行動，累計派出官兵二萬餘人次，九名官兵犧牲在維和一線。目前，中國軍隊共有一千八百五十一人在聯合國十個任務區執行維和任務，是聯合國安理會常任理事國中派兵最多的國家。

目前，隨著中國的快速發展，國際社會對中國的發展路徑和對外戰略走向產生諸多疑慮：中國崛起對國際社會來說意味著什麼？中國會成為國際社會的夥伴還是對手？有國際輿論認為中國正深陷「地區政治大洞」，炒作中國在維護主權、領土、安全和海洋權益方面「展示肌肉」，將打破亞太地區的力量平衡，要求中國在國際和地區事務中提供更多的公共產品，承擔更多的國際責任。面對凡此種種疑惑和疑慮，十八大以來，新一屆中央領導集體以自身的言行描繪了中國參與國際事務的路線圖。

——將繼續高舉和平、發展、合作、共贏的旗幟，堅定不移致力於維護世界和平、促進共同發展。

——根據事情本身的是非曲直決定自己的立場和政策，秉持公道，伸張正義，反對各種形式的霸權主義和強權政治，共同維護國際公平正義。

　　——將堅持把中國人民利益同各國人民共同利益結合起來，在追求本國利益時兼顧他國合理關切，在謀求本國發展中促進各國共同發展。

　　——將始終不渝奉行互利共贏的開放戰略，通過深化合作促進世界經濟強勁、可持續、平衡增長。

　　——將加強同主要經濟體宏觀政策協調，通過協商妥善解決貿易摩擦，推動貿易和投資自由化便利化。

　　當前，快速發展的中國無疑已成為牽動國際關係的重要變量，當代中國已從國際體系和國際規則的旁觀者、接受者變為參與者和建設者。國際社會普遍認為，中國在國際政治經濟中的權重越來越大，無法排除、撇開中國來解決當今世界所面臨的經濟、政治、安全和環境問題。在全球治理方面，十八大報告提出了「三個積極」：一是以更加積極的姿態參與國際事務，發揮負責任的大國作用，共同應對全球性挑戰；二是積極參與全球經濟治理，推動貿易和投資自由化便利化，反對各種形式的保護主義；三是積極參與多邊事務，推動國際秩序和國際體系朝著公正合理的方向發展。

　　十六世紀以來，先後有葡萄牙、西班牙、法國、俄國、德國、英國、日本、美國等相繼崛起，上演了大國輪番爭霸而又相繼衰落的歷史活劇。中國會認真汲取歷史上大國衰敗的血寫教訓，超越建立殖民體系、爭奪勢力範圍、對外武力擴張等近代歷史上一些大國崛起的老路，鄭重選擇和平發展、合作共贏作為實現國家現代化、參與國際事務和處理國際關係的基本途徑。十八大報告莊重宣示：「和平發展是中國特色社會主義的必然選擇。要堅持開放的發展、合作的發展、共贏的發展。」

法國歷史學家托克維爾曾分析過大國與小國的不同，認為：小國的目標是國民自由、富足、幸福地生活，而大國則命定要創造偉大和永恆，同時承擔責任。作為一個正在走向復興的發展中大國，中國會給世界帶來什麼？十八大報告提出了「要和平不要戰爭，要發展不要貧窮，要合作不要對抗」的「三要三不要」主張。儘管經過三十多年的改革開放，中國已不可逆轉地結束了近代以後中國內憂外患、積弱積貧的悲慘命運，不可逆轉地開啟了中華民族不斷發展壯大、走向偉大復興的歷史進軍，以自信而不自滿的心態加速融入當今世界，以嶄新的姿態屹立於世界民族之林，但經歷了刻骨銘心磨難的中國並沒有翻身復仇的心理，也不會向世界輸出自己的意識形態、價值觀和發展模式，更不會在地區和國際事務中主動挑起事端和紛爭。同時，正如歐洲對外關係委員會高級研究員戈德芒所言，國際社會對中國應給予更多的接觸和鼓勵，而非製造衝突。崛起的中國給世界帶來的是「中國機遇」「中國貢獻」而不是「中國威脅」「中國挑戰」，輸送的給世界是維護世界和平、促進合作共贏的正能量！

　　　　作者周余雲，中共中央對外聯絡部研究室副主任。

一帶一路研究叢刊　AA301015

解讀中國外交新理念

作　　　者	國務院新聞辦公室
版權策畫	李煥芹
責任編輯	呂玉姍

發 行 人	陳滿銘
總 經 理	梁錦興
總 編 輯	陳滿銘
副總編輯	張晏瑞
編 輯 所	萬卷樓圖書股份有限公司
排　　版	菩薩蠻數位文化有限公司
印　　刷	維中科技有限公司
封面設計	菩薩蠻數位文化有限公司

出　　版　昌明文化有限公司

桃園市龜山區中原街 32 號

電話 (02)23216565

發　　行　萬卷樓圖書股份有限公司

臺北市羅斯福路二段 41 號 6 樓之 3

電話 (02)23216565

傳真 (02)23218698

電郵 SERVICE@WANJUAN.COM.TW

大陸經銷

廈門外圖臺灣書店有限公司

　電郵 JKB188@188.COM

ISBN 978-986-496-472-7

2019 年 3 月初版

定價：新臺幣 280 元

如何購買本書：

1. 轉帳購書，請透過以下帳戶

　合作金庫銀行 古亭分行

　戶名：萬卷樓圖書股份有限公司

　帳號：0877717092596

2. 網路購書，請透過萬卷樓網站

　網址 WWW.WANJUAN.COM.TW

大量購書，請直接聯繫我們，將有專人為您

服務。客服：(02)23216565 分機 610

如有缺頁、破損或裝訂錯誤，請寄回更換

國家圖書館出版品預行編目資料

解讀中國外交新理念 / 國務院新聞辦公室著.
-- 初版.-- 桃園市：昌明文化出版；臺北
市：萬卷樓發行, 2019.03
　冊；　　公分
ISBN 978-986-496-472-7(平裝)

1.中國外交

574.18　　　　　　　　　　108003207

本著作由五洲傳播出版社授權大龍樹（廈門）文化傳媒有限公司和萬卷樓圖書股份有
限公司（臺灣）共同出版、發行中文繁體字版版權。